AF579113

# ECUMENISMO *hoy*

PABLO BLANCO SARTO

# ECUMENISMO *hoy*

**Breve introducción a la unidad de los cristianos**

Pablo Blanco Sarto (Zaragoza, 1964) es sacerdote, filólogo y licenciado y doctorado en Filosofía y Teología dogmática, materia de la que es profesor en la Universidad de Navarra. También ha realizado estudios de Teología ecuménica en la Ludwing-Maximilians Universitat (Múnich). Es autor de numerosos ensayos, monografías y artículos sobre diversos temas, entre los que destaca el pensamiento de Benedicto XVI. En San Pablo ha publicado *Benedicto XVI. La biografía* y es miembro de la comisión editora de sus obras completas.

© SAN PABLO 2022 (Protasio Gómez, 11-15. 28027 Madrid)
Tel. 917 425 113 - Fax 917 425 723
E-mail: secretaria.edit@sanpablo.es - www.sanpablo.es
© Pablo Blanco Sarto 2022

*Distribución:* SAN PABLO. División Comercial
Resina, 1. 28021 Madrid
Tel. 917 987 375 - Fax 915 052 050
E-mail: ventas@sanpablo.es
ISBN: 978-84-285-6485-4
Depósito legal: M. 14.942-2022

Todos los derechos reservados. Ninguna parte de esta obra puede ser reproducida, almacenada o transmitida en manera alguna ni por ningún medio sin permiso previo y por escrito del editor, salvo excepción prevista por la ley. La infracción de los derechos mencionados puede ser constitutiva de delito contra la Ley de propiedad intelectual (Art. 270 y siguientes del Código Penal). Si necesita fotocopiar o escanear algún fragmento de esta obra diríjase a CEDRO (Centro Español de Derechos Reprográficos –www.conlicencia.com).

# Presentación*

En 2010 fallecía de leucemia Jutta Burggraf, quien dejó una profunda huella entre sus alumnos (y no solo) y marcó un hito con su *Conocerse y comprenderse: una introducción al ecumenismo* (Madrid, 2003). Me tocó a mí sustituirla en la medida de lo posible en sus clases. Es verdad que antes yo había estudiado el diálogo luterano-católico sobre la Iglesia, el ministerio y la Eucaristía, y hablé con ella sobre este y otros temas largo y tendido. Debo expresarle por tanto mi deuda de gratitud. Desde entonces he estado impartiendo materias de Teología ecuménica tanto en el curso de grado como en el máster en Teología, pero siempre me acordaba de las palabras de ánimo y confianza que ella –ecumenista alemana– me dirigía. Luego vinieron además las orientaciones eclesiológicas de Pedro Rodríguez, José Ramón Villar, Philip Goyret y Ramiro Pellitero, así como a otros colegas ecumenistas de otras universidades y centros ecuménicos. Desde la teología sacramentaria, la eclesiología y

* Publicado inicialmente como «Un balance ecuménico a los 50 años de la *Unitatis redintegratio*», *Palabra* 635 (2016/2) 6 y «Un abrazo milenario. Encuentro histórico en La Habana entre el patriarca Kiril y el papa Francisco», *Mundo cristiano* 669-670 (marzo de 2016) 34-35.

la teología ministerio hice incursiones en otros campos de la teología ecuménica, que en cierto modo quedan reflejadas en estas páginas. En fin estoy agradecido a los hermanos de otras confesiones Igor Tatarintsev, Carlos López, Javier y Óscar del Santo, quienes me han honrado con su amistad y su diálogo sincero.

Celebramos ahora los 25 años de las encíclicas ecuménicas de Juan Pablo II *(Ut unum sint* y *Orientale lumen),* y vamos a cumplir ya los 60 años del decreto de ecumenismo del Vaticano II *Unitatis redintegratio,* y tal vez sea una buena ocasión para hacer un balance del momento que vivimos, tal como hizo en su día el cardenal Kurt Koch, presidente del Consejo para la promoción de la unidad de los cristianos, en el Centro ecuménico Congar de Valencia. La historia reciente es larga. Tras los acercamientos a cristianos de otras confesiones por parte de los papas durante el siglo XIX, el movimiento ecuménico surgido sobre todo entre protestantes dio sus frutos, y el Vaticano II lo calificó como «acción del Espíritu Santo». Juan XXIII quiso un concilio para promover la reforma y la unidad de la Iglesia, mientras Pablo VI continuó en esta dirección y el decreto de ecumenismo estableció los «principios católicos». Es decir, la unidad entre ecumenismo y eclesiología: el decreto sobre ecumenismo *Unitatis redintegratio* se encuentra unido a la constitución dogmática *Lumen gentium* sobre la Iglesia y la declaración *Orientalium Ecclesiarum* sobre las Iglesias católicas orientales, todos ellos documentos del Vaticano II.

De esta forma, los parámetros del diálogo ecuménico quedaban expuestos con total claridad. El Vaticano II enseñó que existen «elementos de eclesialidad» entre otros cristianos, pero a la vez que la Iglesia de Cristo «subsiste» en la Iglesia católica (cf *Lumen gentium,* 8; *Unitatis redintegratio,* 4.5). El decreto de ecumenismo describe claramente la situación eclesiológica de los distintos cristianos que no están unidos a Roma. Por un lado, considera verdaderas Iglesias (particulares) a las Iglesias de Oriente que no reconocen el primado –los ortodoxos–, a la vez que admira su tradición espiritual y litúrgica. Por otro lado, aprecia el amor a la Escritura de los protestantes, pero advierte que no mantienen en la actualidad la sucesión apostólica y, con ella, la mayoría de los sacramentos (cf *Unitatis redintegratio,* 22). Por eso reciben el nombre de Comunidades eclesiales. En este caso, tendrían pendiente resolver no solo lo que se refiere al primado –como ocurre con los ortodoxos–, sino también al episcopado. A su vez, el decreto sobre ecumenismo del Vaticano II propone la búsqueda de la comunión en la colaboración y cooperación social, en el diálogo teológico y en la oración y la conversión, verdaderos motores del diálogo ecuménico. Son pues estas las tres dimensiones en las que ha de desarrollarse todo ecumenismo: manos, cabeza y corazón.

Juan Pablo II ratificó estos principios en su encíclica ecuménica *Ut unum sint* (1995) y mostró la cercanía de Roma con las Iglesias orientales, no solo católicas sino también ortodoxas. La *Declaración conjunta sobre la doctrina de la justificación* (1999) supuso un hito y un punto de partida para el diálogo teológico tanto con luteranos y metodistas en un primer momento, así como también después con anglicanos y reformados. También Benedicto XVI promovió el diálogo teológico con ortodoxos en el *Documento de Rávena* (2007), que estudió el modo de ejercer el primado tal como fue vivido en el primer milenio de la cristiandad, cuando todos los cristianos estaban todavía unidos. Con el *motu proprio Anglicanorum coetibus* (2009), el actual Papa emérito apuntó una posible vía de solución a la cuestión del *defectus ordinis* –la falta del sacramento del orden– para las Comunidades eclesiales que, por distintos motivos, hayan podido perder la sucesión apostólica. A la vez, quedaba sentada la necesidad de la comunión en la fe como paso previo a la unidad visible. La defensa de la Creación y del medio ambiente ha sido también un buen punto de encuentro entre los distintos cristianos, si bien debe llegar también a cuestiones morales y bioéticas, como la defensa de la familia y de la vida humana.

Con la llegada del nuevo milenio y la difusión de la globalización, el mapa ecuménico está cambiando de modo continuo. Las Iglesias y Comunidades eclesiales experimentan continuos cambios en el número de fieles. La Iglesia ha pasado de ser predominantemente eurocéntrica a «mundocéntrica». Además, el rápido crecimiento de los evangélicos y los pentecostales ha movido a la Iglesia católica a entablar conversaciones también con ellos, tal como ha mostrado el papa Francisco en diversas ocasiones. Por otra parte, el «ecumenismo de la sangre» –como lo ha llamado el actual obispo de Roma– ha planteado ciertas urgencias y cuestiones distintas a las planteadas anteriormente. Siguen siendo necesarias las tres dimensiones del diálogo: el denominado ecumenismo de las manos, de la cabeza y del corazón, esto es, en cuestiones de cooperación y justicia social, en el diálogo teológico y en la promoción de la oración y la propia conversión. En los últimos tiempos y como preparación al quinto centenario de la ruptura de Lutero con la Iglesia católica en 2017, se habló de la necesidad de una declaración conjunta con los protestantes en torno a los mencionados temas de la Eucaristía, el ministerio y la eclesiología. Sin embargo, el camino por recorrer es todavía largo.

Frente a un ecumenismo practicado en el pasado, donde la indiferenciación eclesiológica primaba sobre los demás principios (como en la Concordia de Leuenberg de 1973 entre luteranos y reformados), se propone ahora el modelo de una «diversidad reconciliada», donde cada uno sabe dónde se encuentra respecto a los demás, a la vez que promueve el diálogo en el amor y la verdad. Los gestos y declaraciones de cercanía entre las distintas confesiones cristianas se están convirtiendo en una feliz rutina. Al igual que sus predecesores, el papa Francisco está demostrando que el ecumenismo constituye una de las prioridades de su pontificado.

Tras el camino recorrido juntos, con la claridad de ideas aportadas por el Concilio, el ardor misionero del pontificado actual, el testimonio de los mártires de todas las confesiones y –sobre todo– con la acción del Espíritu, tal vez podrían aparecer interesantes novedades ecuménicas en los próximos años. Nos encontramos pues ante un verdadero momento ecuménico de especial importancia.

A lo largo y ancho de estas páginas, veremos así en primer lugar lo referido a las Iglesias orientales, tanto en lo que concierne a la teología y la espiritualidad como un acercamiento más histórico y sociológico a las Iglesias ortodoxas. Tras esto veremos lo referido a la reforma protestante. En primer lugar, con motivo de los 500 años de su inicio, realizaremos un balance provisional de lo que ha supuesto para la Iglesia. Tras esto, iremos a los orígenes, repasando la doctrina de la justificación por la fe después de la *Declaración conjunta* de 1999, que constituye un interesante e irrenunciable punto de partida del diálogo teológico entre católicos y protestantes, que ha de seguir ahora en otros ámbitos como los sacramentos, el ministerio, la eclesiología y la interpretación de la Escritura.

Retomaremos después un enfoque más histórico y sociológico, al analizar –junto con la teología– el calvinismo, el anglicanismo y la llamada «tercera Reforma» protagonizada sobre todo por los movimientos evangélicos y pentecostales de gran actualidad en el momento presente. Obtendremos de este modo un mapa más o menos detallado del mundo protestante. Acto seguido, repasaremos el magisterio pontificio de los últimos papas: Juan Pablo II, Benedicto XVI y el papa Francisco, para concluir con un epílogo, en el que ofrecemos las principales líneas del *Vademécum sobre ecumenismo* recientemente publicado, a finales de 2020. De esta forma, tenemos –en mi opinión– un completo panorama histórico, teológico, social y magisterial de la situación actual del ecumenismo, que espero que sea de utilidad para el lector.

Mientras tanto, el ecumenismo ha seguido progresando, a pesar de las dificultades. El 12 de febrero de 2016 se encontraron el papa Francisco y el Patriarca de Moscú dándose un abrazo milenario: el sucesor de Pedro y el Patriarca de Moscú habían tardado casi mil años, de modo análogo a como habían esperado cuando Pablo VI y el Patriarca Atenágoras se reconciliaron y levantaron las recíprocas excomuniones, el 8 de diciembre de 1965, al terminar el concilio Vaticano II. Tal vez deberíamos ver estos gestos también como un buen comienzo de un nuevo tercer milenio para la Iglesia. Tras un primer milenio de unidad y un segundo de división, viene ahora otro –esperemos– de comunión entre todos los cristianos. Los últimos papas –de Pablo VI, Juan Pablo II a Benedicto XVI– se encontraron con frecuencia con el Patriarca de Constantinopla, el *primus inter pares* en las Iglesias orientales separadas de Roma. Las visitas entre Roma y el Patriarcado ecuménico por las fiestas de san Andrés y san Pedro respectivamente constituyen una rutina anual, así como la visita de los luteranos finlandeses con motivo de la fiesta de san Enrique. El ecumenismo tiene mucho que ver con la santidad.

Hasta hace poco tiempo, del Patriarca de Moscú dependían más de la mitad de los cristianos ortodoxos. Sin embargo, la creación del autocéfalo Patriarcado de Ucrania y su adhesión al Patriarcado ecuménico de Constantinopla ha cambiado el mapa de la ortodoxia. El motivo que llevó al papa Francisco y al Patriarca de Moscú a encontrarse en Cuba –aunque no en Europa– era la actual persecución de los cristianos, si bien algunos incluso hablaron de propiciar ese encuentro para evitar una posible III Guerra mundial... Por si fuera poco, en primavera de ese año se celebró el sínodo panortodoxo por primera vez en la historia, donde se escenificó la desunión entre la ortodoxia. Allí se palparon las divisiones y diferencias entre las Iglesias ortodoxas, especialmente entre los Patriarcados de Moscú y Constantinopla. Toda esta situación nos hace sentir que nos encontramos de nuevo ante un momento ecuménico importante. Mientras tanto, la firma de una *Declaración conjunta* en La Habana, donde hay algo más que un acuerdo circunstancial, constituía un signo de esperanza pues el sucesor de Pedro puede desempeñar el papel del ministerio en la unidad y la caridad que le corresponde. Las principales ideas de los 30 puntos del acuerdo fueron las siguientes:

1. «Al reunirnos a distancia de las antiguas disputas del Viejo Mundo, sentimos muy fuertemente la necesidad de colaboración entre los católicos y los ortodoxos, que deben estar siempre preparados para responder a cualquiera que les pida razón de la esperanza (1Pe 3,15)» (n. 3).
2. La Iglesia católica y el Patriarcado de Moscú se comprometen a la confesión y el anuncio comunes del misterio de la Trinidad y del nombre de Jesucristo como único Salvador.
3. La defensa común de los cristianos perseguidos en África y Oriente Medio.
4. La petición por la paz y el reconocimiento común del testimonio de los mártires.
5. La defensa de la libertad religiosa en todo el mundo.
6. Un mutuo recuerdo de las raíces cristianas de Europa.
7. Y la colaboración en la atención de los pobres, los exiliados, los jóvenes, la familia, la vida humana y el medio ambiente:

Las Iglesias cristianas están llamadas a defender exigencias de la justicia, del respeto a las tradiciones nacionales y de la solidaridad efectiva con todos los que sufren. [...] Los ortodoxos y los católicos, compartiendo la misma visión de la familia, están llamados a testificar acerca de la familia como un camino hacia la santidad, que se manifiesta en la fidelidad mutua de los cónyuges, su disponibilidad para dar a luz a los niños y formarles en la solidaridad entre las generaciones y el respeto hacia los enfermos (nn. 18-19).

8. «No somos competidores, sino hermanos: debemos arrancar de este concepto ejecutando todas actividades relacionadas con nuestros lazos y contactos con el mundo exterior» (n. 24), afirmaba saliendo al paso a la frecuente acusación de «proselitismo», en el sentido negativo y no etimológico de la expresión.
9. De igual modo, se buscó una cooperación mutua en la resolución del conflicto en Ucrania.
10. Y para todo ello se acude a la intercesión de la *Theotókos,* la Madre de Dios.

A pesar de que han surgido problemas y dificultades –como los derivados de la pandemia del coronavirus–, sin embargo los encuentros ecuménicos se siguieron celebrando, como el que se realizó en la ciudad sueca de Lund con motivo de los 500 años del inicio de la Reforma protestante, tras la ruptura de Lutero con Roma, tal como iremos viendo más adelante. La colaboración y el contacto siguen adelante. La Iglesia católica sigue manteniendo el contacto y un diálogo permanente con la mayoría de las confesiones cristianas, lo cual dará su fruto cuando el Espíritu lo disponga. También Pentecostés vino en un momento inesperado, tras un común acto de oración. De momento hemos de seguir rezando, trabajando y estudiando juntos para estar más próximos a Cristo y acercarnos a nuestros hermanos. Si cumplimos la primera condición se dará la segunda. El ecumenismo es como una rueda con radios: al acercarnos al centro, Jesucristo, estamos más cerca también unos de los otros. Hemos de quitar en primer lugar los obstáculos que nos separan de Cristo.

Por eso el mensaje de conversión y santidad sigue teniendo prioridad en el diálogo ecuménico. Los abusos, la pandemia, la cuestión ambiental y la guerra en Ucrania nos han hecho más realistas, y por eso hemos comprendido mejor la necesidad de purificación, personal y colectiva, tal como pedía el Vaticano II. *Ecclesia semper purificanda:* la Iglesia ha de purificarse de modo continuo (cf *Lumen gentium,* 8). De hecho, el Octavario para la unidad de los cristianos termina con la fiesta de la conversión de san Pablo. Contamos pues así sobre todo con la oración y la petición de perdón a Dios y entre nosotros. Por eso, tras pedir las oportunas disculpas por los posibles errores de este texto, espero también que estas sencillas páginas sirvan también para «conocer y comprender» a otros cristianos con quienes estamos llamados a formar la única Iglesia de Cristo. «Que seamos uno» (Jn 17,21) fue la última voluntad del Señor expresada en el discurso sacerdotal de la Última Cena. Esperemos así que podamos ir removiendo todos los obstáculos para poder reunirnos algún día todos los cristianos en torno a la misma Mesa.

Pamplona, 25 de enero de 2022,
fiesta de la conversión de san Pablo,
fin del octavario para la unidad de los cristianos

PRIMERA PARTE

# Las Iglesias orientales

# 1
# La luz de Oriente*

«La luz del Oriente *(Orientale lumen)* ha iluminado la Iglesia universal» (n. 1), una luz que a veces Occidente ha oscurecido, escribía Juan Pablo en la carta apostólica publicada el 2 de mayo de 1995, fiesta del padre de la Iglesia oriental, san Atanasio (considerado santo en la Iglesia católica, en las Iglesias ortodoxas y entre luteranos y anglicanos), y con ocasión del centenario de la encíclica *Orientalium dignitas* de León XIII. «En efecto –continuaba san Juan Pablo II–, dado que creemos que la venerable y antigua tradición de las Iglesias orientales forma parte integrante del patrimonio de la Iglesia de Cristo, la primera necesidad que tienen los católicos consiste en conocerla para poder alimentarse de ella y favorecer, cada uno en la medida de sus posibilidades, el proceso de la unidad». El primer papa eslavo de la historia se dirigía en primer lugar a los orientales católicos, quienes tienen plena conciencia de ser –junto con los hermanos ortodoxos– los portadores vivos de esa rica tradición[1].

---

* Publicado como «Luz de Oriente. En los 25 años de la carta apostólica *Orientale lumen* de Juan Pablo II», *Pastoral ecuménica* 38/109 (2020) 11-19.

[1] Juan Pablo II se había presentado como «un papa, hijo de un pueblo eslavo», evangelizado por los dos santos hermanos Cirilo y Metodio, «ejemplo glorioso de apóstoles de la unidad», a los que nombrará patrones de Europa junto al occidental

## Un tesoro escondido

Como con aquel hombre de la parábola que vendió todo lo que tenía al encontrar esas joyas (cf Mt 13,44ss.), surge aquí la necesidad de «conocer con plenitud ese tesoro» y sentir así el deseo de que el Espíritu restituya a la Iglesia y al mundo «la plena manifestación de la catolicidad de la Iglesia», superando así una contraposición entre unas y otras tradiciones o espiritualidades. «Mi mirada se dirige al *Orientale lumen* que brilla desde Jerusalén (cf Is 60,1; Ap 21,10)» (n. 2), seguía diciendo el Papa polaco. En esa ciudad santa, al llegar el día de Pentecostés y «estando todos reunidos en un mismo lugar» (He 2,1), el Espíritu fue enviado a María y a los apóstoles. Oriente necesita por tanto también un nuevo acontecimiento del Espíritu. Desde allí la Buena Nueva se difundió por el mundo porque, llenos del Espíritu Santo, «predicaban la palabra de Dios con valentía» (He 4,31); «desde la madre de todas las Iglesias», fue predicado el Evangelio a todas las naciones, muchas de las cuales se glorían de haber tenido a uno de los apóstoles como primer testigo del

---

san Benito (cf n. 3). Por eso se proponía abrazar a todas las Iglesias orientales, «en la variedad de sus diversas tradiciones». «Amadísimos hermanos –citaba allí–, tenemos este objetivo común; debemos decir todos juntos, tanto en Oriente como en Occidente: *Ne evacuetur Crux!* (cf 1Cor 1,17). Que no se desvirtúe la cruz de Cristo, porque, si se desvirtúa la cruz de Cristo, el hombre pierde sus raíces y sus perspectivas: queda destruido. Este es el grito al final del siglo XX. Es el grito de Roma, el grito de Constantinopla y el grito de Moscú. Es el grito de toda la cristiandad: de América, de África, de Asia, de todos. Es el grito de la nueva evangelización» *(Discurso después del Vía crucis del Viernes Santo,* 1 de abril de 1994: *L'Osservatore Romano,* edición en lengua española, 8 de abril de 1994, 3).

Señor. En esa ciudad las culturas y las tradiciones más diversas convivieron en nombre del único Dios (cf He 2,9-11)[2].

De allí tiene que nacer también este nuevo deseo de unidad que nació en Jerusalén y que pasa igualmente por Roma. «Las mujeres y los hombres de hoy –continuaba en el n. 4– nos piden que les mostremos a Cristo, que conoce al Padre y nos lo ha revelado (cf Jn 8,55; 14,8-11)». Dirige la mirada de todos –desde Oriente y Occidente– hacia el centro, hacia Cristo. Juan Pablo II ponía allí el ejemplo del mismo Señor quien, a lo largo del camino, se detenía con la gente, la escuchaba, se conmovía cuando los veía «como ovejas sin pastor» (Mt 9,36; cf Mc 6,34). Estos mismos sentimientos deben embargar ahora a todos los cristianos: «Frente a esta llamada, las Iglesias de Oriente y de Occidente están invitadas a concentrarse en lo esencial», dejando de lado polémicas y controversias sobre cuestiones secundarias. La doctrina de la «jerarquía de verdades» promovida por el Vaticano II resultará de gran utilidad para el discernimiento (cf n. 2)[3].

Así, en primer lugar, debemos conocer el Oriente

---

[2] Sobre este tema, puede verse K. Algermissen, *Iglesia católica y confesiones cristianas,* Rialp, Madrid 1963, 505-511; J. Meyendorff, *La teologia bizantina. Sviluppi storici e temi dottrinali,* Marietti, Génova 1974, 7-23; J. Burgraff, *Fomentar la unidad. Teología y tareas ecuménicas,* BAC, Madrid 2001, 41-44; J. L. Vázquez Borau, *Las Iglesias cristianas. Católica, ortodoxa, protestante y anglicana,* San Pablo, Madrid 2003, 114-117; P. Goyret-P. Blanco, *Llamados a la unidad. Teología ecuménica,* Palabra, Madrid 2018, 13-18.

[3] Vaticano II, Decreto sobre el ecumenismo *Unitatis redintegratio,* 11; cf C. Izquierdo, «La "jerarquía de verdades": su recepción en el ecumenismo y en la teología», *Scripta Theologica* 44 (2012) 433-461.

cristiano como una experiencia de fe. Tras citar el decreto de ecumenismo del Concilio (n. 17), el santo Papa eslavo invitaba a conocer el patrimonio cristiano oriental: «Me pongo a la escucha de las Iglesias de Oriente que sé que son intérpretes vivas del tesoro tradicional conservado por ellas» (n. 5). Como dijo antes el mismo Juan Pablo II, la Iglesia debe respirar con «los dos pulmones», de Oriente y Occidente. La tradición oriental cristiana implica un modo de acoger, comprender y vivir la fe en el Señor Jesús. En este sentido, está muy cerca de la tradición cristiana de Occidente que nace y se alimenta de la misma fe. Con todo, se diferencia también de ella, «legítima y admirablemente», puesto que el cristiano oriental tiene un modo propio de sentir y de comprender, y «de vivir su relación con el Salvador». Así, propone como ejemplo el modo en que viven la liturgia y las celebraciones sacramentales en clave trinitaria (cf n. 6)[4].

## Trinidad, tradición e inculturación

En primer lugar, Juan Pablo II proponía una doctrina trinitaria igualmente eclesial que enriquece la tradición latina, de procedencia sobre todo agustiniana. En este sentido, recordaba también el sucesor de Pedro el modo de entender la «monarquía» del Padre –*fons et*

[4] Cf Juan Pablo II, *Ángelus*, domingo 13 de octubre de 1985.

*origo totius Trinitatis,* a decir de Tomás de Aquino– y que la participación en la vida trinitaria se realiza sobre todo a través de la liturgia y, de un modo especial, en la celebración eucarística. Aquí aparece la formulación del *admirabile commercium* referida a la Encarnación y propuesta tanto por Atanasio como por Ireneo de Lyon, ambos de origen oriental: el Hijo de Dios se hace hombre, para que el hijo del hombre sea constituido como hijo de Dios.

En esta *théoisis* o divinización, la teología oriental atribuye un papel muy particular al Espíritu Santo, al igual que la pneumatología constituye un interesante punto de atención para la teología occidental contemporánea. «Esta teología de la divinización sigue siendo uno de los logros más apreciados por el pensamiento cristiano oriental» (n. 6), recordaba. De igual manera, cobran aquí un gran protagonismo los mártires y los santos –los primeros deificados y santificados– y, de un modo muy particular, la *Theotókos,* la Madre de Dios: «Su figura no es solo la de la Madre que nos espera, sino también la de la Purísima que –como realización de tantas prefiguraciones veterotestamentarias– es icono de la Iglesia». Lo ha revelado el Hijo –dirá más adelante– para acercarnos al misterio del Padre, principio de comunión[5].

[5] Cf JUAN PABLO II, Carta enc. *Redemptoris Mater* (25 de marzo de 1987), 31-34: AAS 79 (1987), 402-406; Vaticano II, Decreto sobre el ecumenismo *Unitatis redintegratio,* 15. Citando igualmente *Unitatis redintegratio,* 15, recuerda también la importancia del monaquismo en esas Iglesias hermanas, que desarrolla más adelante. Sobre este tema, puede verse K. ALGERMISSEN, *Iglesia católica y confesiones cristianas,*

> La Trinidad santísima se nos presenta entonces como una comunidad de amor: conocer a ese Dios significa sentir la urgencia de que hable al mundo, de que se comunique; y la historia de la salvación no es más que la historia del amor de Dios a la criatura que ha amado y elegido, queriéndola «según el icono del Icono», como se expresa la intuición de los Padres orientales (n. 15).

Jesucristo sería el Icono perfecto del Padre, y nosotros iconos de ese único Icono. De la Trinidad pasa así la encíclica ecuménica a la soteriología y la antropología teológica: incluso cuando el hombre peca, este Dios lo busca y lo ama, para que la relación no se rompa y el amor siga existiendo. «Y lo ama en el misterio del Hijo, que se deja matar en la cruz por un mundo que no lo reconoció, pero es resucitado por el Padre» *(ibid.)*. Pero antes el Padre envía al Hijo y al Espíritu para realizar la salvación, con sus respectivas misiones. Así, recordaba también el texto ecuménico la necesidad de encarnar e inculturar el mensaje evangélico, tal como supieron hacer en su momento Cirilo y Metodio[6]:

---

679-684; J. Meyendorff, *La teologia bizantina,* 204-229; J. Burgraff, *Fomentar la unidad,* 81-82; J. L. Vázquez Borau, *Las Iglesias cristianas,* 117-119; P. Goyret-P. Blanco, *Llamados a la unidad,* 27-28, 30-31.

[6] Cf Ireneo, *Contra las herejías* V, 16, 2: *Sources Chretiénnes* 153/2, 217; IV, 33, 4: *Sources Chretiénnes* 100/2, 811; Atanasio, *Contra los gentiles,* 2-3 y 34: *Patrologia Graeca* 5-8 y 68-69; *La Encarnación del Verbo,* 12-13: *Sources Chretiénnes* 18, 228-231.

> El respeto y el aprecio a las culturas particulares se unen en ellos al amor por la universalidad de la Iglesia, que incansablemente se esfuerzan por realizar (n. 7).

En efecto, en un tiempo en que se admite cada vez más que es fundamental el derecho de todo pueblo a expresarse de acuerdo con su patrimonio de cultura y de pensamiento, la experiencia de las diversas Iglesias de Oriente se nos presenta como un ejemplo autorizado de inculturación bien realizada. Lógicamente esto no supone una bendición o autorización de los nacionalismos o particularismos exacerbados. Y realiza una afirmación especialmente querida para los cristianos orientales:

> La tradición es patrimonio de la Iglesia de Cristo, memoria viva del Resucitado que los apóstoles [...] han transmitido como recuerdo viviente a sus sucesores, en una línea ininterrumpida que es garantizada por la sucesión apostólica, mediante la imposición de las manos, hasta los obispos de hoy (n. 8).

La sucesión apostólica presenta así pues esa dimensión ontológico-sacramental, que nada tiene que ver con la despectivamente llamada *pipeline theory:* la sucesión apostólica no será sin más una sucesión en la fe, sino también la línea sacramental de continuidad de la imposición de manos, invocando la *exousía* del Espíritu. *Traditio, succesio* y *communio* deben presentarse siempre íntimamente unidas: la sucesión en la fe va unida a la cadena de imposición de manos en la ordenación y con la comunión entre todas las Iglesias. Ninguna de ellas se muestra aislada[7].

A su vez, por otra parte, esta tradición –matiza más adelante– no es mera conservación de tipo tradicionalista, y por eso ha de ser viva y siempre subordinada a la Escritura, entendida esta como *norma normans*, como criterio y referencia principal para abordar las cuestiones de fe. Existe un permanente diálogo entre Escritura y tradición, pues ambas proceden de la misma Revelación. Ha de mostrarse además abierta al futuro:

> Y si la tradición enseña a las Iglesias la fidelidad a lo que las ha engendrado, la espera escatológica las impulsa a ser lo que aún no son en plenitud y que el Señor quiere que lleguen a ser (n. 8).

Junto a la mencionada dimensión escatológica, el Papa eslavo volvía a recordar la importancia de la dimensión pneumatológica: «No anula así la necesaria tensión escatológica propia del mensaje cristiano. Debemos mostrar a los hombres la belleza de la memoria, la fuerza que nos viene del Espíritu y que nos convierte en testigos, porque somos hijos de testigos», puesto que el Vivificador es el garante de ambas:

---

[7] Cf K. ALGERMISSEN, *Iglesia católica y confesiones cristianas*, 700-706; J. MEYENDORFF, *La teologia bizantina*, 98-111; J. BURGRAFF, *Fomentar la unidad*, 81-82; P. GOYRET-P. BLANCO, *Llamados a la unidad*, 28-29.

de la tradición y de toda verdadera interpretación de la Escritura (cf *ibid.)*[8].

## El carisma del monacato

Por otra parte, la espiritualidad oriental presenta un sentido del «monaquismo como ejemplo de vida bautismal» en un sentido tal vez algo más agudo que en nuestra sensibilidad occidental. El testimonio escatológico de la vida monástica nos hace reflexionar sobre nuestra condición de cristianos. En primer lugar, el monaquismo ha sido, desde siempre, el alma misma de las Iglesias orientales: los primeros monjes –tanto eremitas como cenobitas– surgieron en Oriente y la vida monástica fue parte integrante del *lumen* oriental, transmitida a Occidente por los grandes Padres de la Iglesia. Además, Juan Pablo II recordaba que en Oriente el monaquismo ha conservado una gran unidad, y no ha conocido la formación de los distintos tipos de vida apostólica, como ha ocurrido en Occidente. Los santos Pacomio, Basilio, Antonio o Macario suponen etapas diversas del camino espiritual dentro del monacato, pero siempre subsiste una gran unidad en la vida monástica[9]:

---

[8] Sobre este tema, puede verse K. ALGERMISSEN, *Iglesia católica y confesiones cristianas,* 717-721; J. MEYENDORFF, *La teologia bizantina,* 264-272; J. BURGRAFF, *Fomentar la unidad,* 81.

[9] Ha sido grande el influjo ejercido en Occidente por la *Vida de Antonio,* escrita por san Atanasio: *Patrologia Graeca* 26, 835-977. La recuerda, entre otros, san Agustín

> Además, en Oriente el monaquismo no se ha contemplado solo como una situación aparte, propia de una clase de cristianos, sino sobre todo como punto de referencia para todos los bautizados (n. 9).

Todos debemos tener nuestros momentos de desierto y silencio. Cuando Dios llama de modo total, como en la vida monástica, el cristiano puede alcanzar el punto más alto de cuanto la sensibilidad, la cultura y la espiritualidad son capaces de expresar. La mujer ocupa igualmente un lugar central en este paradigmático estilo de vida cristiana: «Quisiera recordar también el magnífico testimonio de las monjas en el Oriente cristiano», afirmaba, pues este ha constituido un modelo al valorar lo específico femenino en la Iglesia, incluso en contra de la mentalidad del tiempo. Durante las persecuciones recientes, sobre todo en los países del Este de Europa, cuando muchos monasterios masculinos fueron cerrados con violencia, el monaquismo femenino conservó encendida la luz de la vida monástica. El carisma de la monja, con sus características específicas, es un signo visible de la dimensión materna del amor de Dios a la que, con frecuencia, se refiere la Escritura.

---

en sus *Confesiones,* VIII, 6: CSEL 33, 181-182. Las traducciones de obras de los Padres orientales, entre las que se encuentran las *Reglas* de san Basilio: *Patrologia Graeca* 31,889-1.305, la *Historia de los monjes de Egipto: Patrologia Graeca* 65,441-456 y los *Apotegmas* de los Padres del desierto: *Patrologia Graeca* 65, 72-440 marcaron el monaquismo en Occidente. Cf G. de Saint-Thierry, *Epistola ad Fratres de Monte Dei, Sources Chretiénnes* 223, 130-384. Cf K. Algermissen, *Iglesia católica y confesiones cristianas,* 755-757; J. Meyendorff, *La teologia bizantina,* 82-96; J. Burgraff, *Fomentar la unidad,* 89-92; J. L. Vázquez Borau, *Las Iglesias cristianas,* 35-37, 119-120; P. Goyret-P. Blanco, *Llamados a la unidad,* 28-29.

> Así pues –concluye–, miraré al monaquismo, para descubrir aquellos valores que considero hoy muy importantes para expresar la aportación del Oriente cristiano al camino de la Iglesia de Cristo hacia el Reino (n. 9).

Y recorre así la espiritualidad monástica como modelo y ejemplo para todo cristiano. La Escritura ocupa así un lugar central en la vida monacal: «La palabra de Dios es el punto de partida del monje [...]. Cada día el monje se alimenta del pan de la Palabra» (n. 10). Incluso cuando canta con sus hermanos la oración que santifica el tiempo, continúa su asimilación de la Palabra. La iconografía litúrgica no es más que la continuación de la Palabra. «Frente al abismo de la misericordia divina –continuaba–, al monje no le queda más que proclamar la conciencia de su pobreza radical»[10]. Precisamente por eso, la invocación del perdón y la glorificación de Dios constituyen gran parte de la oración litúrgica.

En la cumbre de esta experiencia orante está la Eucaristía –concluía–, la otra cumbre indisolublemente vinculada a la Palabra, en cuanto lugar en el que la Palabra se hace Carne y Sangre, experiencia celestial donde se hace nuevamente evento.

En la Eucaristía, en fin, se revela la naturaleza profunda de la Iglesia, comunidad de los convocados a

[10] Véase, por ejemplo, Basilio, *Regla breve: Patrologia Graeca* 31, 1.079-1.305; Juan Crisóstomo, *Sobre la compunción, Patrologia Graeca* 47, 391-422; *Homilías sobre Mateo, hom.* XV, 3: *Patrologia Graeca* 57, 225-228; Gregorio de Nisa, *Sobre las bienaventuranzas, hom.* 3: *Patrologia Graeca* 44, 1.219-1.232.

participar en los Sagrados Misterios, para convertirnos en «consanguíneos» con Cristo, en expresión de Cabasilas[11].

## Liturgia, teología y silencio

Junto a la meditación y la contemplación de la Escritura, la liturgia se encuentra en el centro de la espiritualidad monástica. La experiencia litúrgica presenta así también las dimensiones antropológica y cósmica: «Cristo Señor es la luz que ilumina el camino y revela la transparencia del cosmos, precisamente como en la Escritura» (n. 11). En la celebración litúrgica la Creación queda renovada, tal como evocan los monasterios situados en idílicos parajes naturales. La «Eucaristía» de la naturaleza supone también un modo de presencia de Dios entre nosotros. «La Creación se revela como lo que es: un conjunto de rasgos que únicamente en la liturgia encuentran su plenitud, su destino completo. Por eso, la liturgia es el cielo en la tierra» *(ibid.)*, recuerda con una conocida expresión. Y junto a la dimensión cósmica, la antropológica. En este marco la oración litúrgica en Oriente muestra gran capacidad para implicar a la persona humana en su totalidad:

[11] Cf N. Cabasilas, *La vida en Cristo,* IV: *Patrologia Graeca* 150, 584-585; Cirilo de Alejandría, *Tratado sobre Juan,* 11: *Patrologia Graeca* 74, 561; 12, l.c., 564; Juan Crisóstomo, *Homilías sobre Mateo, hom.* LXXXII, 5: PG 58, 743-744.

> El Misterio es cantado en la sublimidad de su contenido, pero también en el calor de los sentimientos que suscita en el corazón de la humanidad salvada *(ibid.)*[12].

Recuerda igualmente esta carta apostólica de un modo especial la evidente dimensión cristológica. Así, la experiencia litúrgica proporciona una mirada limpia para descubrirse a uno mismo: «A Cristo, el Hombre-Dios, se dirige la mirada del monje: en su rostro desfigurado, varón de dolores, descubre ya el anuncio profético del rostro transfigurado del Resucitado» (n. 12). La mirada progresivamente cristificada aprende así a alejarse de lo exterior, del torbellino de los sentidos que impide dejarse conquistar por el Espíritu. Al recorrer ese camino, se deja reconciliar con Cristo en un incesante proceso de conversión: «Señor Jesús, ten piedad de mí», repite la famosa oración dirigida a nuestro Salvador. Al hombre que busca el significado de la vida, Oriente le ofrece esta escuela para conocerse y ser libre, sabiéndose amado por aquel Jesús que dijo: «Venid a mí todos los que estáis fatigados y sobrecargados, y yo os daré descanso» (Mt 11,28).

---

[12] En la acción sagrada también la corporeidad está convocada a la alabanza, y la belleza se muestra por todas partes: en las formas del templo, en los sonidos, en los colores, en las luces y en los perfumes. «El cristianismo –recuerda– no rechaza la materia, la corporeidad; al contrario, la valora plenamente en el acto litúrgico» *(ibid.)*, pero a la vez hace presente la dimensión antropológico-escatológica: «La Liturgia revela que el cuerpo, atravesando el misterio de la cruz, está en camino hacia la transfiguración, hacia la pneumatización: en el monte Tabor Cristo lo mostró resplandeciente, como el Padre quiere que vuelva a estar» (n. 11). Cf K. Algermissen, *Iglesia católica y confesiones cristianas*, 724-727, 755-757; J. Meyendorff, *La teologia bizantina*, 7-26, 141-157; J. Burgraff, *Fomentar la unidad*, 81-82, 88-89; J. L. Vázquez Borau, *Las Iglesias cristianas*, 120-122; P. Goyret-P. Blanco, *Llamados a la unidad*, 27-29.

> A quien busca la curación interior, le dice que siga buscando: si la intención es recta y el camino honrado, al final el rostro del Padre se dará a conocer, impreso como está en las profundidades del corazón humano *(ibid.)*[13].

En cuanto a la comunión y el servicio, Juan Pablo II afirma que «el monje es siempre esencialmente el hombre de la comunión» (n. 14), que busca siempre la unidad. Es, en palabras de Francisco, un «artesano de la unidad». El monaquismo nos muestra así que no existe una auténtica vocación que no nazca de la Iglesia y para la Iglesia, de lo cual da testimonio la experiencia de tantos monjes: «Este camino de liberación interior en la apertura al Otro convierte al monje en el hombre de la caridad» *(ibid.),* y así el servicio engendra comunión. Esa caridad se manifiesta, ante todo, en el servicio a los hermanos en la vida monástica, pero también a toda la Comunidad eclesial. Las Iglesias de Oriente han vivido con gran generosidad este compromiso, comenzando por la evangelización, que es el servicio más alto que el cristiano puede prestar a su hermano[14].

---

[13] El itinerario del alma acaba necesariamente en el Padre: «El recorrido del monje, por lo general, no solo está marcado por un esfuerzo personal, sino que también hace referencia a un padre espiritual, al que se abandona con confianza filial, seguro de que en él se manifiesta la tierna y exigente paternidad de Dios» (n. 13). Esta paternidad de Dios se manifiesta también en el padre y guía espiritual, tan apreciado en Oriente. «Desde luego, también a Occidente se le ha concedido el don admirable de una vida monástica, tanto masculina como femenina, que conserva el don de la guía en el Espíritu y espera ser valorada» *(ibid.)*.

[14] Cf PAPA FRANCISCO, *Homilía en la Misa en el Aeródromo de Maquehue en Temuco* (Chile), 17 de enero de 2018.

Pero también, en fin, «la vida del monje da razón de la unidad que existe en Oriente entre espiritualidad y teología» (n. 15). En la cultura monástica, arte, música, liturgia, teología y espiritualidad se presentan y mantienen estrechamente unidas. Así, por ejemplo, el Oriente nos ayuda a delinear con gran riqueza de elementos el significado cristiano de la persona humana. Esta doctrina se centra en la Encarnación, que ilumina a su vez la verdad sobre la Creación. En Cristo, verdadero Dios y verdadero hombre, se revela la plenitud de la vocación humana. «La humanidad fue asumida por Cristo sin separación de la naturaleza divina y sin confusión», dice recordando la fe de Calcedonia. El hombre no se queda solo: existe un tabernáculo de gloria, que es la persona santísima de Jesús el Señor, donde lo humano y lo divino se encuentran en un abrazo que nunca podrá deshacerse[15].

En Oriente encontramos también una poderosa mística del silencio. «Nace así –evocaba san Juan Pablo II– lo que se suele llamar el apofatismo del Oriente cristiano: cuanto más crece el hombre en el conocimiento de Dios, tanto más lo percibe como misterio inaccesible, inaferrable en su esencia» (n. 16). Eso no se ha de confundir con un misticismo oscuro de lo incognoscible –matiza más adelante–, donde el hombre se pierde en enigmáticas realidades impersonales.

Sin embargo, perciben que a esta presencia nos acercamos sobre todo dejándonos educar en un silencio

[15] Cf *Symbolum chalcedonense,* DS 301-302.

adorador, porque en el culmen del conocimiento y de la experiencia de Dios está su absoluta trascendencia. A ello se llega, más que a través de una meditación sistemática, mediante la asimilación orante de la Escritura y de la liturgia.

Tenemos pues necesidad de este silencio penetrado de presencia adorada: la teología sapiencial y espiritual (arrodillada); la oración donde contemplamos un rostro tan radiante que obligue a cubrirlo con un velo (cf Éx 34,33); la predicación, «para atraer hacia la experiencia de Dios»; el compromiso, «para renunciar a encerrarse en una lucha sin amor ni perdón» *(ibid.).*

## El diálogo ecuménico

Tras esto aborda el ecumenismo del diálogo teológico. En la segunda parte del texto titulada *Del conocimiento al encuentro,* el Papa eslavo abordaba las cuestiones relativas al diálogo ecuménico entre la Iglesia católica y las ortodoxas, a los treinta años de concluir el concilio Vaticano II en el que participaron también algunos ortodoxos como observadores. «Desde entonces se ha avanzado mucho en el conocimiento recíproco –continuaba–. Este conocimiento ha intensificado la estima y nos ha permitido a menudo orar juntos al único Señor y también los unos por los otros, en un camino de caridad que ya es peregrinación de unidad» (n. 17). Evocando el *Tomos agapis* –el libro del amor– suscrito por san Pablo VI y el Patriarca Atenágoras, recordaba los momentos conjuntos de acción y oración.

> A veces, a esta Sede de Roma han llegado los apremiantes llamamientos de otras Iglesias, amenazadas o heridas por la violencia y el atropello. A todas ha tratado de abrirles su corazón. En favor suyo, en cuanto ha sido posible, se ha elevado la voz del obispo de Roma, para que los hombres de buena voluntad escucharan el grito de nuestros hermanos que sufrían[16].

> El pecado de nuestra división es gravísimo –seguía Juan Pablo II con una dureza que podríamos calificar de profética–, siento la necesidad de que crezca nuestra disponibilidad común al Espíritu que nos llama a la conversión, a aceptar y reconocer al otro con respeto fraterno, a realizar nuevos gestos valientes, capaces de vencer toda tentación de repliegue. Sentimos la necesidad de ir más allá del grado de comunión que hemos logrado[17].

Aparece aquí el deseo de escribir una historia de nuestra unidad, y remontarnos al tiempo en que, inmediatamente después de la muerte y de la resurrección

[16] TOMOS AGAPIS, Vatican-Phanar (1958-1970), Roma-Estambul, 1971. Sobre este tema, véase J. BURGRAFF, *Fomentar la unidad,* 197-202; J. L. VÁZQUEZ BORAU, *Las Iglesias cristianas,* 120-122; P. GOYRET-P. BLANCO, *Llamados a la unidad,* 32-34.

[17] Cf JUAN PABLO II, Carta apostólica *Tertio millennio adveniente* (10 de noviembre de 1994), 34: *L'Osservatore Romano,* edición en lengua española, 18 de noviembre de 1994, 11.

del Señor Jesús, cuando el Evangelio se difundió en las culturas más diversas, comenzó un intercambio fecundísimo, que aún hoy siguen testimoniando las liturgias de las Iglesias. A pesar de que no faltaron dificultades y contrastes, las epístolas de los Apóstoles (cf 2Cor 9,11-14) y de los Padres muestran vínculos entre las Iglesias, en una plena comunión de fe dentro del respeto de sus especificidades e identidades respectivas[18].

Aludía también al «ecumenismo de los mártires» o, en palabras del papa Francisco, al «ecumenismo de la sangre». «La sangre de los mártires nos llama a la comunión, a la unión de todos los cristianos». La sangre no está dividida, repite: «Han muerto por ser cristianos, independientemente de la Iglesia a la que pertenecían». Juan Pablo II seguía con las siguientes palabras:

> La común experiencia del martirio y la meditación de las actas de los mártires de cada Iglesia, la participación en la doctrina de tantos santos maestros de la fe, en una profunda circulación y participación, refuerzan este admirable sentimiento de unidad (n. 18)[19].

En los *gulag* rezaron juntos católicos, ortodoxos y protestantes. La experiencia de comunión permitía a

[18] Cf Clemente Romano, *Carta a los corintios: Patres Apostolici,* ed. F. X. Funk, I, 60-144; Ignacio de Antioquía, *Cartas,* l.c., 172-252; Policarpo, *Carta a los Filipenses,* l.c., 266-282.

[19] Cf Vaticano II, Const. dogm. sobre la Iglesia *Lumen gentium,* 26; Const. sobre la sagrada Liturgia, *Sacrosanctum Concilium,* 41; Decreto sobre el ecumenismo *Unitatis redintegratio,* 15.

los cristianos poder sentirse como en casa en cualquier Iglesia. Todos se hallaban reunidos para celebrar la Eucaristía, centro y corazón de la Iglesia. Los primeros concilios constituyen un testimonio elocuente de esta constante unidad en la diversidad, que ha sido revivido con motivo de las distintas conversaciones entre ambas confesiones cristianas[20]. «En los primeros contactos del diálogo ecuménico el Espíritu Santo nos permitió afianzarnos en la fe común, continuación perfecta del *kerygma* apostólico, y de esto damos gracias a Dios con todo el corazón» (n. 18)[21]. De hecho, durante todo el primer milenio perduró la unidad entre Roma y Constantinopla, en la que ahora podemos profundizar y de la que podemos aprender. En el número 19 Juan Pablo II hacía alusión a los cristianos perseguidos en Europa, África y Asia, especialmente en Oriente Medio. Este testimonio martirial nos debe hacer pensar cada vez que nos acercamos a la Mesa del Señor:

> ¿Cómo podremos ser plenamente creíbles si nos presentamos divididos ante la Eucaristía, si no somos capaces de vivir la participación en el mismo Señor que debemos anunciar al mundo?

---

[20] Cf JUAN PABLO II, Carta *A Concilio Constantinopolitano* (25 de marzo de 1981), I, 2: AAS 73 (1981), 515; Carta apostólica *Duodecimum saeculum* (4 de diciembre de 1987), 2 y 4: AAS 80 (1988), 242.243-244.

[21] Cf PAPA FRANCISCO, *Discurso a los miembros de la Comisión mixta internacional para el diálogo teológico entre la Iglesia católica y las Iglesias ortodoxas orientales*, Roma, 31 de diciembre de 2017; JUAN PABLO II, *Homilía en San Pedro, en presencia de Demetrio I, arzobispo de Constantinopla y patriarca ecuménico*, 6 de diciembre de 1987, 3: AAS 80 (1988), 713-714.

La unidad nos hace más creíbles y eficaces a la hora de anunciar el nombre de Jesús. Tras recordar las acciones pontificias a favor de las Iglesias orientales[22], se reafirma en este camino de unidad, en que «este compromiso lleva en su raíz la convicción de que Pedro (cf Mt 16,17-19) desea ponerse al servicio de una Iglesia unida en la caridad» (n. 20). Esto solo puede llevarse a cabo a partir del amor de las Iglesias locales que se sienten llamadas a manifestar cada vez más la única Iglesia de Cristo, nacida de un solo bautismo y de una sola Eucaristía, y que son hermanas. Como recordó el mismo Juan Pablo II citando el Vaticano II, la Iglesia de Cristo es una sola. Si existen divisiones, se deben superar, pero la Iglesia es una sola. La Iglesia de Cristo de Oriente y de Occidente no puede menos de ser una; una y unida[23].

## Cuestiones pendientes

La tarea ecuménica constituye una urgencia de primer orden. Así, en primer lugar, el número 21 habla de la

[22] La carta apostólica *Orientalium dignitas* de León XIII, la creación de la Congregación para las Iglesias orientales en 1917 y la institución del Pontificio Instituto Oriental por Benedicto XV y del Secretariado para la Unión de los Cristianos el 5 de junio de 1960 por Juan XXIII. En tiempos recientes, el 18 de octubre de 1990, fue promulgado el *Código de cánones de las Iglesias orientales.* Cf *Motu proprio Dei providentis* (1 de mayo de 1917): AAS 9 (1917), 529-531; *Motu proprio Orientis catholici* (15 de octubre de 1917), l.c., 531-533; *Motu proprio Superno Dei nutu* (5 de junio de 1960), 9: AAS 52 (1960), 435-436; Constitución apostólica *Sacri canones* (18 de octubre de 1990): AAS 82 (1990), 1.033-1.044.

[23] *Palabras a los profesores del Pontificio Instituto Oriental,* 12 de diciembre de 1993: *L'Osservatore Romano,* edición en lengua española, 17 de diciembre de 1993, 6. Cf Vaticano II, Decreto sobre el ecumenismo *Unitatis redintegratio,* 14.

importancia de las Iglesias orientales católicas para la vida de toda la Iglesia, y también para esta búsqueda de la unidad. «En varias ocasiones se ha reafirmado que la unión plena de las Iglesias orientales católicas con la Iglesia de Roma, ya realizada, no debe implicar que ellas sufran una disminución en la conciencia de su propia autenticidad y originalidad»[24]. A la vez que recuerda la plena autonomía jurisdiccional de estas circunscripciones, pues sufren en carne propia una dramática tensión al no encontrar una comunión plena con las Iglesias orientales ortodoxas, con las que comparten el patrimonio de sus padres. «Una conversión constante y común es indispensable para que avancen de forma resuelta y ágil hacia la comprensión recíproca». Tras esa recíproca conversión, viene la necesidad de encontrarse, conocerse y trabajar juntos, así como conocer «los tesoros de fe ajenos» *(ibid.)*[25].

> Por otra parte –concluía en el número 23–, soy consciente de que en este momento algunas tensiones entre la Iglesia de Roma y algunas Iglesias de Oriente hacen más difícil el camino de la estima recíproca con vistas a la comunión.

[24] Cf Vaticano II, Decreto sobre las Iglesias orientales católicas *Orientalium Ecclesiarum*, 24.

[25] Cf *ibid.*, 5. Véase también K. Algermissen, *Iglesia católica y confesiones cristianas*, 757-760; J. Meyendorff, *La teologia bizantina*, 256-272; J. Burgraff, *Fomentar la unidad*, 92-95; P. Goyret-P. Blanco, *Llamados a la unidad*, 32.

Es decir, ahora el punto de mira se dirige a la relación con la diócesis de Roma con todo su significado. Por eso el sucesor de Pedro invita a mostrar «gestos de caridad común», una hacia la otra y juntas hacia quienes se encuentran en necesidad. También la defensa de la vida y de la familia tiene su importancia en este movimiento de unidad (cf n. 27). Igualmente los pobres pueden ser el lugar de encuentro entre ambas Iglesias (el «ecumenismo de las manos»), a la vez que el elocuente testimonio de la sangre derramada por la fe.

> Después del martirio común padecido por Cristo bajo la opresión de los regímenes ateos, ha llegado el momento de sufrir, si fuese necesario, para no dejar de dar nunca el testimonio de la caridad entre cristianos, porque, aunque entregáramos nuestro cuerpo a las llamas, si no tuviéramos caridad, nada nos aprovecharía (cf 1Cor 13,3) (n. 23).

Sin embargo, esa labor de acercamiento no es solo del corazón sino también de la cabeza: hay que conocer la liturgia de las Iglesias de Oriente y las tradiciones espirituales de los Padres y de los Doctores del Oriente cristiano, así como tomar ejemplo de ellas para la inculturación del mensaje del Evangelio[26]. Así, Juan Pablo II

[26] La documentación reciente resulta numerosa: JUAN PABLO II, *Carta a los Obispos del continente europeo,* 31 de mayo de 1991: AAS 84 (1992), 163-168; además, «Les Principes généraux et Normes pratiques pour coordonner l'évangélisation et l'engagement Oecuménique de l'Église catholique en Russie et dans les autres Pays de la C.E.I.» (publicados por la Pontificia Comisión Pro Rusia el 1 de junio de

llega al «alma de la tarea ecuménica», al «ecumenismo espiritual», también llamado «ecumenismo del corazón»[27]. Por eso, «además del conocimiento, considero muy importante mantener contactos recíprocos» (n. 25), tanto de oración como de estudio, es decir, el denominado «ecumenismo teológico». También las peregrinaciones en común ayudan a encontrar a Cristo como mutuo compañero, así como la colaboración entre los pastores de las diferentes Iglesias:

> Invito a los jerarcas y al clero oriental católico a colaborar estrechamente con los ordinarios latinos en una pastoral eficaz que no sea fragmentaria, sobre todo cuando su jurisdicción se extienda sobre territorios muy vastos donde la ausencia de colaboración significa, efectivamente, el aislamiento *(ibid.)*.

En resumen: junto a los ojos y los oídos abiertos para ver y oír a nuestros hermanos cristianos orientales, constituyen elementos indispensables para la tarea ecuménica la sangre, las manos, la cabeza y el corazón. Y la lengua, para hablar bien, como nos recuerda continuamente el papa Francisco. Así, al concluir esta carta, Juan Pablo II dirigía su pensamiento a nuestros

---

1992); Congregación para la Educación Católica, *Instr. In Ecclesiasticam futurorum* (3 de junio de 1979), 48: *Enchiridion Vaticanum* 6, 1.080; *Instr. Inspectis Dierum* (10 de noviembre de 1989): AAS 82 (1990), 607-636; *Carta. circ. En égard au développement* (6 de enero de 1987), 9-14: cf *L'Osservatore Romano*, edición en lengua española, 29 de noviembre de 1987, 18.

[27] Cf Vaticano II, Decreto sobre el ecumenismo *Unitatis redintegratio*, 8.

amados hermanos y hermanas de las Iglesias de Oriente, y afirmaba que, en el umbral del tercer milenio, «todos sentimos que llega a nuestras sedes el grito de los hombres, oprimidos por el peso de amenazas graves», quienes «sienten que un rayo de luz, si es acogido, puede aún disipar las tinieblas del horizonte de la ternura del Padre» (n. 28).

Esta luz nos abre un futuro. María, nuestra esperanza, la *Theotókos,* nos señala el *Orientale lumen* que se identifica con Nuestro Señor Jesucristo. Antes Juan Pablo II había «centrado el tiro» al afirmar que debemos dirigirnos a él, único Maestro, participando en su muerte, «a fin de purificarnos de ese celoso apego a los sentimientos y a los recuerdos [...] de los acontecimientos humanos de un pasado que pesa aún con fuerza sobre nuestros corazones» (n. 2). Ocurre una vez más como con los radios de una rueda: según estemos los cristianos más cerca del centro, que es Cristo, nos encontraremos también más cerca unos de otros. Pero antes hemos de pasar por la purificación de la memoria, paso previo a todo avance hacia la unidad visible. El acto se celebró el Miércoles de Ceniza del año 2000, en pleno Jubileo de la redención, supuso un acto profético en este sentido. Hemos de seguir dando esos pasos y dejarnos también guiar por esa luz de Oriente[28].

---

[28] Cf *ibid.*

# 2
# Las Iglesias ortodoxas, hoy[*]

El incendio de la catedral gótica de Notre-Dame ha sido para muchos un símbolo de la Europa actual casi sin raíces cristianas. Una Europa en demolición. ¿Seremos capaces de reconstruirla?, ¿de asentar ahora una civilización cristiana?, ¿y de convivir con otras religiones? Son preguntas inevitables. El cristianismo ha sido durante siglos la religión predominante en Europa, y sigue siendo la afiliación religiosa mayoritaria en 27 de los 34 países encuestados en el último informe del *Pew Forum*. Pero las divisiones históricas, también entre cristianos, subyacen en esta identidad común: solo una de las tres principales tradiciones cristianas (catolicismo, protestantismo y ortodoxia) predomina en cada parte del continente. Si bien la ortodoxia es la fe dominante en Europa del Este, los países de mayoría católica son comunes en el centro y sureste del continente, mientras el protestantismo domina las brumosas tierras del norte. Esta geografía confesional permite ver

[*] Publicado como «Las Iglesias ortodoxas orientales en la actualidad», *Palabra* 683 (2019/10) 58-61.

con claridad el presente de Europa, a la vez que aparecen nuevos factores en el horizonte.

### Ex Oriente, lux

En efecto, en Europa occidental el número de poblaciones de ciudadanos religiosos no afiliados crece sin parar, lo que supone un intenso proceso de descristianización. Bajo las formas de ateísmo y agnosticismo se aleja de sus propias raíces. Ahora bien, nos podemos preguntar, ¿está dejando Europa de ser cristiana, o simplemente está cambiando el mapa religioso al desplazarse el foco del cristianismo hacia las periferias del Este? Más de 7 de cada 10 personas de Rumanía, Grecia y Serbia dijeron que ser cristianos era relevante para su identidad nacional, mientras que el 65% de las personas de Francia y del Reino Unido (o el 64% de los alemanes y el 59% de los españoles) afirmaba que ser cristiano no era tan importante para ellos. Los estados bálticos de Estonia y Letonia son igualmente diferentes a los de Europa del Este, pues respectivamente el 82 y el 84% de los encuestados de esos países dijeron que la religión no era decisiva para su identidad nacional. Solo el Este sigue confesándose y quiere seguir siendo cristiano, podría parecer.

Otro dato interesante: la mayoría de los encuestados de los países de Europa Central y del Este afirmaban que no aceptarían a un musulmán en su familia. En efecto, solo el 7% de los armenios o el 16 de la República checa dijeron que acogerían a un musulmán en sus familias. Por el contrario, 9 de cada 10 encuestados de los Países Bajos, Dinamarca y Noruega sostuvieron que lo aceptarían, y la mayoría de todos los demás países de Europa occidental dijeron lo mismo. La cercanía puede provocar una cierta cautela o prevención. Ante esto podríamos plantear una nueva pregunta: rechazar el islam, ¿es esta actitud demasiado cristiana, o demasiado poco cristiana? ¿La cuestión es si –como dijo la luterana Angela Merkel– hay demasiado islam o demasiado poco cristianismo en Europa...?

La encuesta refleja de esta forma una «disminución significativa» en la afiliación cristiana en toda Europa occidental. Hay varias razones por las que tantos bautizados como cristianos ya no se consideran tales. La principal es que «se alejaron gradualmente de la religión». A la vez, otros señalan que no están de acuerdo con las enseñanzas de la Iglesia sobre temas morales, aunque concuerdan plenamente en lo social y ecológico. Por el contrario, en una parte de la zona donde los regímenes comunistas reprimieron las religiones, con un elevado relativismo ético, la afiliación cristiana ha mostrado un resurgimiento desde la caída de la URSS en 1991.

Las tierras antes poscristianas, tras el comunismo, son ahora más cristianas. En Ucrania, por ejemplo, ahora hay más personas que dicen que son cristianas (93%) que los que se confesaban como tales antes

(81%); lo mismo ocurre en Rusia, Bielorrusia y Armenia. Los europeos centrales y orientales son más propensos que los europeos occidentales a decir que la religión es muy importante en sus vidas, a rezar a diario y a asistir a los servicios religiosos mensualmente. Por tanto, las preguntas que quedan en el aire son las siguientes: ¿Cuál será el mapa de la religión en Europa en los siguientes años? ¿Cómo será el cristianismo del futuro en nuestro viejo continente? Todo dependerá de si Europa llega hasta los Alpes, los Cárpatos o los Urales, como resulta evidente. Pero en las últimas décadas el concepto de Europa se ha ensanchado.

## Los orígenes

El cristianismo nació en Oriente *(ex Oriente, lux,* de nuevo) y el griego fue su primera lengua tras el arameo. Fue así una religión antes asiática que europea. La Iglesia se desarrolló desde un principio respetando la legítima diversidad. Enseguida fueron nombrados arzobispos, metropolitanos y patriarcas, y fue creada la Pentarquía de Roma –que presidía en la caridad– con cuatro Patriarcados en Oriente: Jerusalén como la primera comunidad cristiana, con Santiago y Esteban; Antioquía, de gran importancia cultural, con Pedro a la cabeza; Alejandría de cultura helenística, con Marcos, y Constantinopla, con Andrés, capital del imperio de Oriente. Ya en el 330 encontramos, sin embargo, una paridad muy grande entre la sede romana y el Patriarcado de Constantinopla, la «segunda Roma». Roma mantiene todavía el primado de jurisdicción (y no solo el de honor) y el latín se enfrenta al griego.

El origen de la ortodoxia debe situarse en las escisiones de Oriente. Conserva el episcopado y la sucesión apostólica, por lo que son verdaderas Iglesias particulares, a las que sin embargo les falta la plena comunión con Roma. La primera separación tuvo lugar en el siglo V con motivo del rechazo de los concilios de Éfeso y Calcedonia, en los que se confesaba la divinidad de Jesucristo y sus dos naturalezas, humana y divina. Así, varios pueblos se separaron de Roma y los Patriarcados constituyeron Iglesias nacionales de corte nestoriano y monofisita. En el siglo VII nació la hegemonía de Constantinopla y de la lengua griega, y en el IX llega en primer lugar el distanciamiento de Roma bajo Focio, por la cuestión del *Filioque* contenido en el credo latino (pues en Oriente se decía que el Espíritu procedía del Padre *por* el Hijo). En 867 Focio excomulgaba al papa. En el siglo X queda restablecida la unidad con Roma, si bien existen relaciones tensas y falta el verdadero amor. Un siglo después tenía lugar la ruptura con Miguel Cerulario, por la que los cuatro Patriarcados de Oriente se separaron de Roma.

Según una conocida tradición no probada, en 1054, los legados papales depositan la bula de excomunión sobre el altar de Santa Sofía, a lo que responde el Patriarca con un anatema. Nos acercamos ahora a los mil años de separación. En el concilio de Lyon (1274), se logró una breve unión de seis años y, de nuevo en el siglo XV, se alcanzó una nueva unidad en el concilio de Florencia (1438-1439). Cae Constantinopla (1453) por lo que disminuye la centralidad de este Patriarcado. Las divisiones surgidas a partir de 1054 han herido la originaria unidad del cristianismo, dividido ahora entre Oriente y Occidente. Con su carácter popular y colorista, místico y monástico, el cristianismo oriental goza de una buena y merecida fama entre sus fieles. Los retos modernos (desde el papel de los laicos hasta la doctrina social de la Iglesia) presentan nuevos frentes que sin embargo ha de asumir. En la actualidad se contabilizan entre 200 y 260 millones de cristianos. El pulmón oriental –como decía san Juan Pablo II– resulta necesario para la Iglesia: no contar con él causa insuficiencia respiratoria en toda la Iglesia.

Entre las Iglesias orientales, existe una minoría católica y una mayoría ortodoxa, formada a su vez tanto por los que se separaron en el siglo V (las antiguas Iglesias ortodoxas orientales) como el XI, las llamadas simplemente Iglesias ortodoxas. La división entre las distintas Iglesias ortodoxas dificulta no solo su recuento, sino también las relaciones entre ellas. Por un lado, tienen el episcopado y todos los sacramentos. Pero, por otra parte, la excesiva vinculación con el poder político las convierte en ocasiones en Iglesias nacionales. El cesaropapismo ha estado también presente a lo largo de su historia. En 2016 tuvo lugar el primer Sínodo panortodoxo de la historia, si bien sin la asistencia del Patriarcado de Moscú, de Bulgaria y de Georgia. La multiplicidad de circunscripciones (Patriarcados, Iglesias autocéfalas y metropolitanas, archidiócesis) no constituye un elemento de unidad en todo momento, y se olvida una referencia común. Así, la división no solo se da con Roma, sino también entre las distintas Iglesias ortodoxas. Las polémicas menudean hasta llegar a la reciente excomunión mutua entre Moscú y Constantinopla en 2017, con motivo del paso de Ucrania al Patriarcado ecuménico. Sin embargo, las Iglesias ortodoxas claman por la *sobornost,* por la sinfonía entre todas ellas.

## Teología y espiritualidad

Los cristianos ortodoxos profesan la misma fe, recibida en el mismo bautismo, con la misma jerarquía y los mismos sacramentos válidos. Presentan, eso sí, diferentes perspectivas espirituales y teológicas respecto a los occidentales, como la monarquía del Padre (como fuente eterna de toda la Trinidad) y la mencionada doctrina de que el Espíritu procede del Padre por el Hijo, doctrina considerada ahora compatible con la del *Filioque.* En lo que a la idea de Iglesia se refiere, presentan una eclesiología eucarística de comunión, centrada tan solo en el episcopado y en la Iglesia local, y sin el primado ni la infalibilidad pontificia. En teología sacramentaria existen algunas pequeñas diferencias, como el carácter sacramental no indeleble, la admisión del divorcio o algunas diferencias rituales de menor importancia. En mariología no admiten ni la asunción ni la inmaculada concepción como dogmas, mientras su escatología rechaza la doctrina del purgatorio y del juicio particular.

Oriente es también famoso por el desarrollo de la teología apofática o negativa: recomienda el silencio y la admiración, contemplar la infinita transcendencia de Dios y de sus misterios: Dios es el «invisible» (Rom 1,20), «inescrutable» (Rom 11,33), «inaccesible» (1Tim 6,16). No hay pues distinción entre mística y teología, dogma y experiencia personal. Junto a esto ha desarrollado una teología del icono, donde todo es luz y esplendor, sin sombras ni la perspectiva occidental. El icono es considerado objeto de culto, casi un sacramento, pues hace presente a Dios y muestra el rostro visible del Dios invisible. Veneran así los iconos de Cristo representado como Verbo encarnado, los de María como *Theotókos* (María supone la continuación del tejido trinitario y cristológico) y los de los santos, que muestran un cuerpo santificado.

Aprecian la dimensión cósmica de la liturgia presente en toda la Creación y proponen una «cosmología sacramental». El mundo es así una teofanía o revelación: el universo es signo de la belleza y presencia divinas. Por la teología de la imagen (cf Gén 1,26; 2,7) la persona participa de la luz del Espíritu, el Iconógrafo por excelencia. Así desarrollaron una teología de la divinización del cristiano en gracia *(théoisis)* por la que somos iconos del Icono, Cristo. Divinización del cristiano si el hombre no destruye la imagen de Dios, que lo convierte en santuario de la Trinidad. Los sacramentos como principal fuente de divinización, sobre todo la Eucaristía, que es también un pentecostés. La Eucaristía es un *mysterium tremendum,* y por eso se celebra separada por el iconostasio. La divina liturgia es «el cielo en la tierra», celebrada incluso con gritos y saltos, expresando una dimensión escatológica como continuación con la Iglesia celeste, inseparable de una dimensión cósmica y antropológica, donde figura lo sensible y la unión con la Creación.

De igual modo presentan una rica tradición monástica, donde tienen una gran importancia los padres espirituales *(starets).* De hecho el monacato nació en Oriente (Egipto) en el siglo IV, donde florecieron los anacoretas o eremitas, reunidos en torno a un padre espiritual, que dio lugar a la vida cenobítica en monasterios, verdadero anticipo de la eternidad. Después vinieron las «lauras» o cabañas donde moraban en Palestina, los «estilitas» o quienes vivían subidos a una columna, los «emparedados» en «clausas» o los «ocaimetas» que alababan toda la noche. San Basilio (330-379) escribe la primera regla monástica donde la oración y liturgia ocupan un lugar central. En el siglo V, por la decadencia por el monofisismo y las invasiones musulmanas, el monacato se desplaza hacia Constantinopla y el monte Athos, donde según la tradición se refugió la Virgen con san Juan.

Quedan sin embargo pendientes los grandes desafíos, como la doctrina social, si bien en el año 2000 el Patriarcado de Moscú publicó los *Fundamentos de la concepción social,* donde se abandona la «teoría de la armonía» entre Iglesia y Estado, que presenta una gran convergencia con la doctrina católica. Se trata de buscar el progreso humano, superando un posible inmovilismo y sin caer en el secularismo. Los orientales miran más a Dios que al mundo, a la alegría más que al dolor, a la resurrección más que a la muerte, y no se preocupan tanto de este mundo o de la cuestión social. En este caso el motivo del cisma fue la doctrina sobre la Trinidad, no la justificación. Sobre este punto ha habido progresos, así como en la materia de la Eucaristía o la doctrina sobre el purgatorio. Queda sin embargo por delimitar bien cuál es el papel del obispo de Roma –el *prôtos*– en la comunión eclesial, así como el de la sinodalidad en Occidente.

El *Documento de Rávena* (2007) sobre el modo de ejercicio del primado –que ya auspició Juan Pablo II en la encíclica *Ut unum sint*– constituye un buen inicio y un buen auspicio. Los próximos años pueden resultar decisivos para el crecimiento de la comunión con estas «Iglesias hermanas». Católicos y ortodoxos firmaron un importante acuerdo que acerca sus posturas. Se publicó el documento final de la asamblea plenaria de la Comisión mixta internacional para el diálogo teológico entre la Iglesia católica y la Iglesia ortodoxa, que se celebró del 8 al 14 de octubre de ese mismo año 2007. La asamblea estuvo presidida por el cardenal Walter Kasper, presidente del Pontificio Consejo para la Promoción de la Unidad de los Cristianos y por SE Ioannis, metropolita de Pérgamo, perteneciente al Patriarcado ecuménico de Constantinopla.

Hay sin embargo algunos matices. El cardenal alemán comentaba también el abandono de la reunión de Rávena por parte de la delegación de la Iglesia ortodoxa rusa, por «un problema inter-ortodoxo sobre el reconocimiento de la Iglesia autónoma de Estonia» y más adelante la de Ucrania. Esto confirma que existe «una diferencia entre Constantinopla y Moscú», entre las llamadas segunda y la tercera Roma. Las relaciones entre Benedicto XVI y Bartolomé I, actual Patriarca de Constantinopla, eran excelentes, sobre todo tras la visita que el Papa le hizo en Turquía al que se considera cabeza de la ortodoxia. Según algunos rumores, hablaron acerca del único problema que separa ambas Iglesias: el modo de ejercer el primado de la sede petrina en Roma. Tal vez este documento sea un fruto de ese encuentro y de esas conversaciones.

Se habló también entonces de una *glasnost,* de un deshielo de las relaciones de la Iglesia católica con el Patriarcado de Moscú, aunque las conversaciones se encuentran todavía en un momento más distante. La Iglesia católica se ha ofrecido incluso como mediadora entre las Iglesias ortodoxas. «Si quieren –concluía el purpurado alemán– podríamos facilitar una solución bien a nivel bilateral –entre Moscú y Constantinopla– o a nivel pan-ortodoxo; pero es indudable que queremos contar con la participación de la Iglesia ortodoxa rusa. Es una Iglesia muy importante; no queremos dialogar sin ellos y trabajaremos para lograrlo». Las dificultades intraortodoxas con motivo de la autocefalia del Patriarcado de Kiev, en Ucrania, nos hablan de la importancia de seguir adelante con estos continuos intentos[1].

## Iglesias y Patriarcados

Veamos brevemente cuáles son las principales Iglesias ortodoxas «hermanas» de las diócesis católicas. Aquí apreciamos cómo la división y la diferencia entre ellas es una de las constantes de la ortodoxia. Las polémicas y divisiones manifiestan que existe también un ecumenismo «de puertas adentro» en una misma confesión cristiana:

a. Antiguas Iglesias orientales ortodoxas (no calcedonianas)

- Iglesia siria o caldea: de tradición nestoriana (431), se encuentra en la parte de Ur, de Mesopotamia, presidida por el *Catholicós* que se trasladó después a Bagdag y Estados Unidos. Cuenta en la actualidad con unos 340.000 fieles.

[1] Publicado como «¿Deshielo ecuménico?», *La Gaceta de los negocios* (19 de noviembre de 2007) 47.

- Iglesia jacobita o de los sirios occidentales: de rito antioqueno, pasó del nestorianismo al monofisismo. Su sede se encuentra en Damasco y está formada por 300.000 fieles.
- Iglesia malankar: de rito también antioqueno y tendencia monofisita, se encuentra en la India y cuenta con 2 millones de fieles.
- Iglesia copta: de rito alejandrino y con sede lógicamente en Alejandría, tras las declaraciones en 1976 y 1988 se encuentra más cerca de la Iglesia católica. Son 6 millones de fieles.
- Iglesia etíope: de rito alejandrino y tradición monofisita, tiene su sede en Abdis Abeba y cuenta con 14 millones de fieles.
- Iglesia eritrea: de rito alejandrino, se encuentra en la actualidad unida a coptos, alejandrinos y etíopes.
- Iglesia armenia: tiene rito propio y se considera continuadora de los apóstoles Bartolomé y Judas Tadeo. Ya no confiesa el monofisismo y consta de 6 millones de fieles. En el concilio de Florencia (1438-1439) se consiguió una efímera unión con coptos, sirios y armenios, y hoy una parte está unida a Roma.

b. Iglesias ortodoxas surgidas a partir del 1054

– Autocéfalas (con plena independencia):

- Iglesia ortodoxa de Constantinopla, dirigida

por el Patriarca ecuménico con un primado de honor en todas las Iglesias ortodoxas, con unos 300 millones de fieles.

- Iglesia ortodoxa de Alejandría: extendida por Egipto y toda África, cuenta con 300.000 fieles y doce eparquías o diócesis orientales.
- Iglesia ortodoxa de Antioquía: situada en Damasco, tiene 17 eparquías y 750.000 fieles.
- Iglesia ortodoxa de Jerusalén con 100.000 fieles en descenso.

– Otros Patriarcados más modernos:

- Iglesia ortodoxa serbia (1355): 11 millones de fieles.
- Iglesia ortodoxa rusa (1589): 200-260 millones de fieles.
- Iglesia ortodoxa rumana (1926): 20 millones de fieles.
- Iglesia ortodoxa búlgara (1953): 6 millones de fieles.
- Iglesia ortodoxa y apostólica georgiana: 6 millones de fieles.

– Dirigidas por un metropolita o arzobispo:

- Iglesia ortodoxa ucraniana: 28 millones de fieles.
- Iglesia ortodoxa griega: 9 millones de fieles.
- Iglesia ortodoxa de Chipre: 450.000 fieles.
- Iglesia ortodoxa polaca: 600.000 fieles.

- Iglesia ortodoxa checa y eslovaca: 55.000 fieles.
- Iglesia ortodoxa albanesa: 160.000 fieles.
- Iglesia ortodoxa americana: un millón de fieles.

– Autónomas: menor grado de autonomía:

- Dependientes de Constantinopla: finesa y estonia.
- Dependiente de Jerusalén: Iglesia ortodoxa del Monte Sinaí.
- Dependientes de Moscú: letona, japonesa, china, ucraniana, de Besarabia y Europa occidental.
- Dependientes de Belgrado: macedonia.
- Dependientes de Bucarest: moldava.

– No canónicas: no dependen de ningún Patriarcado:

- Autoproclamadas: británica, macedonia, montenegrina.
- Separadas de Constantinopla (turca) y Moscú: bielorrusa, ucraniana, «fuera de Rusia» (Nueva York, 150.000 fieles).

# SEGUNDA PARTE

# La Reforma protestante

# 1
# La Reforma luterana*

Como preparación al 500 aniversario de la muerte de Lutero, los obispos católicos y protestantes de la regiones alemanas de Turingia y Alta Sajonia –lugares ligados al reformador alemán– publicaron en febrero de 1996 una pastoral conjunta, en la que se destacaban algunos aspectos positivos de la figura de Lutero, a la vez que lamentaban la crisis que experimentó la Iglesia en el siglo XVI. Entre los aspectos positivos promovidos por el reformador alemán, los prelados destacaban el amor a la Escritura y la profundización en la doctrina de la justificación, que dieron lugar a las conversaciones que con el tiempo –el 31 de octubre de 1999– alcanzarán el acuerdo expresado en la *Declaración conjunta sobre la doctrina de la justificación.* Para Lutero la doctrina de la justificación supuso el *articulus stantis et cadentis Ecclesiae* y el redescubrimiento de la misericordia de Dios: él mismo describe cómo, al estudiar la Escritura, llegó a la conclusión de que la justicia de Dios no es la de un Dios cruel que castiga al pecador, sino la justicia generosa por la que Dios justifica al pecador.

* Publicado como «Lo que sucedió, lo que conmemoramos», *Palabra* (2017/4) 2-4.

## Lo que sucedió

Continuaba así el texto de 1996 suscrito por luteranos y católicos: «Los estudios sobre la historia de la Reforma, llevados a cabo en los últimos decenios con espíritu ecuménico, nos muestran hoy un cuadro más matizado de lo ocurrido entonces», liberados ya de la fuerte carga pasional y polémica de las circunstancias de la época. «Después de siglos de disputa –añaden–, hemos llegado a la conclusión de que estamos de acuerdo en algunos puntos esenciales». Pocos meses más tarde, al hablar el 22 de junio de 1996 en la catedral de Paderborn sobre el origen de la ruptura, Juan Pablo II afirmaba con energía que «a todos nos corresponde hacer penitencia, porque todos nos sentimos culpables de ella», como ya san Juan de Ávila (1499-1569) había dicho en los memoriales al concilio de Trento: «La tibieza de los sacerdotes, en especial, fue la raíz última que condujo al desgarro de la cristiandad».

El Papa polaco señalaba también, entre las causas de la ruptura, «la flaqueza de la Iglesia católica, así como los intereses políticos y económicos, y también el carácter apasionado de Lutero que le empujó a ir más allá de sus intenciones iniciales en la crítica radical a la Iglesia». Partía pues de un reconocimiento mutuo de la propia culpa y la consiguiente petición de perdón. Exhortó a continuar el camino emprendido hacia la unidad que debe progresar, paso a paso, en la búsqueda del diálogo y de la comprensión. El tema de la justificación, al ser el artículo fundamental del que arranca toda la Reforma, está siendo esclarecido –por el esfuerzo conjunto– en los últimos años. Después de varios años de diálogo de la Comisión mixta católico-luterana se fue llegando a un principio de acuerdo que podría tener gran trascendencia ecuménica.

En efecto, el 31 de octubre de 1999, aniversario del inicio de la Reforma, católicos y luteranos firmaron un documento para poner punto final a un enfrentamiento doctrinal que se había iniciado 482 años antes, cuando Lutero clavó supuestamente sus famosas 95 tesis en la puerta de la iglesia palatina de Wittemberg. La doctrina de la justificación constituye el tema teológico fundamental que está en la raíz de aquel enfrentamiento del reformador alemán con la autoridad de la Iglesia. Aunque sería ingenuo pensar que todo está resuelto, no se puede negar la trascendencia de la firma de la *Declaración conjunta.* Este acuerdo firmado en Augsburgo (ciudad alemana donde también en 1530 fue presentada la *Confesión de fe),* por el cardenal Edward Cassidy y Christian Krause, presidente entonces de la Federación luterana mundial. Más adelante, en 2006, el Consejo metodista mundial se adhirió a esta Declaración, con lo que hubo en el futuro otras denominaciones protestantes que se sumaron a ellas, como los anglicanos y los reformados en 2017.

## El significado actual

Como anécdota podemos añadir que este documento fue «desbloqueado» –entre otros– por el entonces cardenal Joseph Ratzinger (n. 1927) y el obispo luterano Johannes Hanselmann (1927-1999) en el anterior mes de noviembre de 1998. Se encerraron hasta llegar a una fórmula aceptable para ambos. Años después, en 2011, en la visita al convento de los agustinos donde Martín Lutero permaneció desde 1505 a 1511, ya como papa Benedicto XVI recordó: «Lo que le quitaba la paz era la cuestión de Dios, que fue la pasión profunda y el centro de su vida y de su camino». Tras haber hecho una referencia al profundo interés del reformador por el misterio del mal, del pecado y de la necesidad de un Dios misericordioso, el Papa alemán se refirió al núcleo del problema: «No, el mal no es una nimiedad. No sería tan poderoso si nosotros pusiéramos a Dios realmente en el centro de nuestra vida», por lo que eran requeridos «la vivencia y el testimonio de la verdad de la fe»[1]. Después realizó un análisis respecto a los nuevos retos que se le plantean al cristianismo del siglo XXI, con la inevitable influencia de la Reforma protestante, adecuándolo a las circunstancias actuales:

> Quisiera señalar brevemente dos aspectos –continuaba haciendo un balance de gran interés–. En los

[1] *Discurso en el encuentro ecuménico con luteranos,* Erfurt, 23 de septiembre de 2011.

últimos tiempos, la geografía del cristianismo ha cambiado profundamente y sigue cambiando todavía –afirmó tal vez refiriéndose al *avance de movimientos evangélicos y pentecostales*–. Ante una nueva forma de cristianismo, que se difunde con un inmenso dinamismo misionero, a veces preocupante en sus formas, las Iglesias confesionales históricas se quedan frecuentemente perplejas. Es un cristianismo de escasa densidad institucional, con poco bagaje racional, menos aún dogmático, y con poca estabilidad. Este fenómeno mundial –que los obispos de todo el mundo continuamente me describen– pone ante nosotros la pregunta: ¿Qué nos transmite, positiva y negativamente, esta nueva forma de cristianismo? Sea de ello lo que fuere, nos sitúa nuevamente ante la pregunta sobre qué es lo que es siempre válido y qué puede o debe cambiarse ante la cuestión de nuestra opción fundamental en la fe.

Más profundo, y en nuestro país, más candente, es el segundo desafío para todo el cristianismo; quisiera hablar de ello: se trata del contexto del *mundo secularizado* en el cual debemos vivir y dar testimonio hoy de nuestra fe. La ausencia de Dios en nuestra sociedad se nota cada vez más, la historia de su Revelación, de la que nos habla la Escritura, parece relegada a un pasado que se aleja cada vez más. ¿Acaso es necesario ceder ante la presión de la secularización, llegar a ser modernos adulterando la fe? Naturalmente, la fe tiene que ser nuevamente pensada y, sobre todo, vivida,

> hoy de modo nuevo, para que se convierta en algo que pertenece al presente. Ahora bien, a todo esto no ayuda el adulterarla, sino vivirla íntegramente en nuestros días. Esta es una tarea ecuménica central, en la cual debemos ayudarnos mutuamente: a creer cada vez más viva y profundamente. No serán las tácticas las que nos salven, las que salven el cristianismo, sino una fe pensada y vivida de un modo nuevo, mediante la cual Cristo, y con él, el Dios viviente, entre en nuestro mundo.

Ahora bien, en primer lugar, como decíamos, si la *Declaración conjunta sobre la doctrina de la justificación* fue suscrita también por los metodistas en 2006 y por los reformados y los anglicanos en 2017, queda pendiente sin embargo que sea asumida por la mayor parte del resto de las denominaciones protestantes, especialmente por los mencionados evangélicos y pentecostales. El diálogo teológico debe pues seguir adelante. Además, el siguiente tema teológico pendiente que debería alcanzar otra declaración conjunta sería la Eucaristía, el ministerio y la eclesiología, tal como propusieron el cardenal Kurt Koch (n. 1950), actual presidente del católico Pontificio consejo para la promoción de la unidad de los cristianos, y Harding Meyer (n. 1928), profesor luterano del Instituto de investigación ecuménica en Estrasburgo. También escribe Walter Kasper (n. 1933), «muchos cristianos esperan con razón que el quinto centenario de la Reforma en 2017 nos acerque, un paso más, ecuménicamente, a la meta de la unidad. No podemos defraudar esta esperanza».

## Lo que conmemoramos

La división de la Iglesia se ha ido desarrollando a lo largo de los siglos. Tras la separación en 1054 entre los cristianos de Oriente y Occidente que dio lugar a las Iglesias ortodoxas (la Iglesia quedó dividida entre un Oriente ortodoxo y un Occidente católico), en 1517 empezó a dibujarse en Europa una línea divisoria entre norte y sur, que luego se trasladó al continente americano: el norte será predominantemente protestante, mientras el sur, originariamente católico. Esta tendencia está cambiando –en un sentido y otro– en los últimos decenios, aunque la gran evangelización en estos momentos se esté concentrando en tierras asiáticas y africanas. Además, a estos hechos se unirán tanto una segunda y tercera reformas, auspiciadas principalmente por los reformadores suizos y por el «despertar religioso» del siglo XIX, así como por el cisma que dará lugar al anglicanismo, junto con las sucesivas divisiones y reunificaciones. El resultado final es un complejo mapa de confesiones y denominaciones protestantes en todo el mundo. En todos estos acontecimientos, es indudable el protagonismo de Martín Lutero, que modificó profundamente el destino de la cristiandad desde el siglo XVI.

Si la Iglesia en Europa resultó dividida en dos, también es cierto que el reformador alemán es considerado como uno de los padres de la modernidad. Lutero fue el principal iniciador de un movimiento reformista que continúa en diversos ámbitos geográficos y épocas históricas, aunque debemos hacer mención también a los demás reformadores; a ellos nos referiremos sintéticamente en la segunda parte. Vemos igualmente el desarrollo de las Comunidades reformadas y de las llamadas «Iglesias libres», así como su relación con el anglicanismo. Pero también las esperanzadoras referencias al actual movimiento ecuménico y a la situación actual del diálogo católico-luterano. En el 500 aniversario de la Reforma protestante en 2017, la Reforma fue conmemorada conjuntamente –con amor y dolor– por parte de católicos y luteranos. Por eso es bueno echar una mirada atrás, para afrontar mejor el presente y el futuro.

En ese encuentro que tuvo lugar en Erfurt el 23 de septiembre de 2011, la ciudad católica de la vida de Lutero, el papa Benedicto XVI terminaba avisando de la necesidad de hacer una vivencia conjunta de la fe en Cristo frente al mundo secularizado.

En esta misma línea, afirmaba el papa Francisco en la visita que realizó a la Comunidad luterana de Roma el 15 de noviembre de 2015: «Me parece también fundamental que la Iglesia católica lleve adelante con valentía la atenta y honesta revaloración de las intenciones de la Reforma y de la figura de Martín Lutero, en el sentido de una *Ecclesia semper reformanda,* en el gran camino trazado por los concilios, como también de hombres y mujeres, animados por la luz y la fuerza del Espíritu Santo». Y revisando los quinientos años que nos separan desde los comienzos reformistas de Lutero, añadía el papa Francisco que no podemos celebrar la división, pues esta es un pecado. Conmemoración, nunca celebración. Por tanto, la conmemoración de los quinientos años comienza por la mutua petición de perdón que nos obtendrá la necesaria purificación para estar más preparados para la unidad que solo puede otorgarnos el Espíritu.

## Lo que confiesan

A pesar de las variantes hay una *identidad doctrinal luterana,* en la que podríamos establecer una serie de puntos en común con los siguientes elementos:

1. El centro del Evangelio es la *justificación del pecador por la sola fe.* El punto de partida de Lutero (según Rom 1,17: «La justicia de Dios no es aquella que castiga al pecador, sino aquella que lo justifica y absuelve en la fe»), se convierte en piedra angular de la teología luterana. La justicia de Dios alcanza a la persona por medio de la redención o de la obra salvífica de Cristo, que acontece fuera de la persona humana y permanece siempre como obra y mérito de Cristo

*(iustitia aliena)*. Esta se le aplica al hombre a través de un acto en cierto modo legal –la justificación forense– por parte de Dios.

2. La justificación del pecador se comprende desde los cinco famosos *sola/us: sola gratia, sola fide, sola Scriptura, solus Christus, solus Deus.* Aquí se resume la acción de perdón y de redención de Dios en relación con la humanidad, realizada por la persona y obra de Cristo. Solo a partir de la única mediación de Cristo se comprende el rechazo luterano de toda obra humana como medio de salvación, ya sea por el sacerdote, los sacramentos o los santos, a los que considera solo como ejemplos de fe. En este punto entra el *sola Scriptura,* ya que llega a la persona realmente en la predicación de la Escritura, cuyo centro es Cristo.

3. La Escritura es *norma normans non normata* de la fe; pero los escritos confesionales de los reformadores son su interpretación objetiva y criterio de la predicación eclesial, siempre sometidos al juicio de la Escritura. Según la teología luterana, el canon es definitivo por motivos prácticos e históricos pero no teológicos, pues supondría absolutizar la tradición o instancias eclesiales de los primeros siglos. Además, hay una cierta desconfianza en relación con las cartas a los hebreos, a Santiago y Judas, lógicamente por no sintonizar demasiado con la doctrina de la justificación. Se plantea así el problema del «centro de la Escritura» o de un «canon

en el canon», cuyo criterio ha de ser el evangelio paulino de la justificación.

4. La *predicación de la Palabra y la administración de los sacramentos* son medios para la salvación; a través de ellos Cristo conserva la Iglesia en el Espíritu y la crea cada vez de nuevo. Por este motivo debe existir un ministerio de la predicación y de los sacramentos. Son reconocidos como sacramentos en sentido estricto solo el bautismo y la Santa Cena; en relación con la penitencia hay posiciones diversas en la tradición luterana. También para los demás sacramentos hay los correspondientes ritos (confirmación, ordenación, matrimonio, unción de enfermos, facultativa en algunas de estas comunidades). Se entienden como «acción de bendecir»:

> El *bautismo,* para Lutero y la teología luterana, tiene una importancia central, pues se realiza en obediencia al mandato de Cristo y obtiene el perdón de los pecados, la redención de la muerte y del diablo y la bienaventuranza eterna. Abarca todo el ámbito de la justificación. De esta premisa se comprende que el bautismo de los niños sea la regla general, ya que la Iglesia no tiene derecho alguno a negar a los niños el don y la gracia de este sacramento.
>
> Las Comunidades luteranas reconocen la presencia real y verdadera del Señor en la Santa Cena, «en, con y bajo la especie del pan y del vino» (consustancia-

ción), sin determinar de manera más precisa el modo de esta unión sacramental. La Cena se entiende como un alimento en el que solamente Dios en Cristo es el que da, mientras que el hombre es quien recibe. La presencia del Señor está unida a esta recepción y, por tanto, no persiste más fuera de ella.

5. Tiene gran importancia para la teología luterana la *distinción entre Ley y Evangelio,* que se basa en la idea de que la palabra de Dios actúa de modos diversos. Con la Ley, Dios anuncia a la humanidad su voluntad a través de los mandamientos y las prohibiciones. En cuanto ley moral, la Ley está escrita en el corazón de los hombres desde la Creación, pero con el pecado original en adelante nadie tiene la capacidad de cumplirla. Sirve más bien para conocer los pecados o la llamada a la salvación: ayuda a reconocer la distancia entre sus acciones y la exigencia de la Ley.

Por lo demás, tanto el creyente como el increyente pueden orientarse hacia la Ley, ya que contiene la entera norma del obrar moral. El *Evangelio* contiene la enseñanza del perdón de los pecados por la gracia y suscita la fe, por la que se obtiene la salvación. No hay fundamentalmente oposición alguna entre Ley y Evangelio, ya que ambas provienen de Dios y están al servicio de la salvación humana. Esta idea está muy viva en la actual teología luterana, pero al mismo tiempo subraya que la diferencia entre las dos, pues el cristiano se entiende a la vez como *simul iustus et peccator*.

# 2
# La segunda Reforma*

Con motivo de la histórica misa en la catedral de Ginebra en 2020, después de que no se hiciera allí en cinco siglos ninguna celebración católica[1], podría ser interesante recordar ahora algunas ideas sobre la teología reformada. Aquí nos referimos a aquellas Comunidades que formaron parte de una «segunda Reforma» protestante, difundida en tierras suizas por Zwinglio y Calvino. Desde allí se va a extender por todo el mundo, hasta llegar a los 75 millones de cristianos pertenecientes a la Alianza reformada mundial. La influencia en el mundo de las ideas y en la sociedad resulta todavía mayor. Reciben también a veces los nombres de puritanos, presbiterianos y congregacionalistas. Estas Comunidades se han desarrollado no solo en tierras helvéticas, sino también en Francia, Holanda, Escocia, Estados Unidos, Corea o Latinoamérica. El calvinismo se ha convertido así en un fenómeno mundial.

---

* Puede verse con más detalle en P. Blanco-J. Ferrer, *Lutero, 500 años después. Breve historia y teología del protestantismo,* Rialp, Madrid 2017², 71-95.

[1] Cf *Palabra* 687 (2020/2) 20-22.

## Los orígenes suizos

En la Suiza alemana, Ulrich Zwinglio (1484-1531) predicó un radicalismo que disgustó al mismo Lutero. Este se enfrentó en la *Disputa de Marburgo* en 1529 con el reformador suizo, quien defendía solo la dimensión simbólica de la Eucaristía. Zwinglio pertenecía a la misma generación que Lutero, y por eso nunca quiso que le llamasen luterano, aunque aceptó la doctrina de la justificación por la sola fe. Además, Zwinglio veía en Cristo al maestro y al modelo, mientras para Lutero Cristo era el Salvador que perdona y da la vida eterna por pura misericordia. La mentalidad de Lutero estaba siempre marcada por la teología de la cruz; la de Zwinglio, por la filosofía humanística con sus métodos, su lógica y sus exigencias intelectualistas. Las tendencias espiritualistas e intelectualistas propias del humanismo fueron exageradas: nada de imágenes ni sacramentos, sino sobre todo una liturgia de la Palabra.

Juan Calvino (1509-1564) abrió nuevos caminos en el protestantismo. Había recibido una formación jurídica que va a influir en la exposición de la doctrina y en la organización civil y eclesial. Trabajador incansable, procuró instaurar en Ginebra las condiciones de vida de la Iglesia primitiva. Así, todos los aspectos de la vida social resultaron regulados: no solo la predicación y los cantos religiosos, sino también se incluían castigos de pena de muerte por blasfemia, adulterio u ofensa a los propios padres. Esta organización férrea a la que sometió a la ciudad tuvo algunas consecuencias positivas, como la mejora de la calefacción, la industria textil o la atención sanitaria. El mismo día de su muerte reunió a sus amigos en torno a su lecho para predicarles un sermón. Cuando murió el 27 de mayo de 1564, toda Ginebra lloró ante su féretro. Logró así una verdadera teocracia bajo el gobierno directo de la palabra de Dios.

Calvino expuso su doctrina en el tratado llamado *Institución cristiana,* una de las obras más influyentes de la literatura mundial, junto al *Pequeño catecismo* de Lutero. Calvino tiene la misma concepción sobre la justificación que Lutero, e incluso la intensifica con la «doctrina de la predestinación». Escribe: «Lo que hay de más noble y laudable en nuestras almas no solo está herido y dañado, sino totalmente corrompido». Calvino identifica el pecado original y la concupiscencia, entendida como la oposición entre el hombre y Dios, entre el finito y el infinito, dirá después Karl Barth. El hombre nace empecatado y, después del bautismo, lo sigue estando: «El hombre por sí mismo no es sino concupiscencia». Por tanto:

a. El hombre no es libre, sino que está totalmente sometido al mal.
b. Todas las obras espirituales del hombre son pecado.
c. Las obras del justo son también pecado, aunque Cristo las conoce y las oculta.

d. La justificación es la mera no imputación del pecado.

## La teología calvinista

«Calvino tuvo una personalidad polifacética y genial –escribió Lortz–. La doctrina por él enseñada, aunque acuse la influencia de Lutero, es un producto original». Tenía además una cabeza sistemática, propia de quien ha sido formado en la ciencia jurídica, pero tenía también un corazón tierno y delicado. «Además –escribe Gómez Heras–, Calvino supo imprimir a su protestantismo un carácter más universalista que Lutero», del que proceden el dinamismo misionero de los calvinistas, su amor al riesgo y a la aventura, e incluso su talante ecuménico. Teólogos como Zwinglio, Bucero, Bullinger, Laski y Knox han aportado algo propio a la fe reformada, que toma diversa fisonomía en cada Comunidad eclesial. A pesar de todo, se presentan algunos elementos comunes, entre los que podemos destacar los siguientes, a modo de síntesis a partir de lo anteriormente expuesto:

a. En el ámbito reformado está vigente el principio *sola Scriptura,* y tiende a la interpretación literal de la Biblia. Junto a ella, las profesiones de fe son testimonios situados en el tiempo en los que la Comunidad reconoce sus creencias. La tradición reformada ha producido numerosas confesiones de fe, como la *Declaración teológica de Barmen* (1934), los *Fundamentos en perspectiva del Credo* de la Iglesia reformada holandesa (1949) y la profesión de fe de la Iglesia unida presbiteriana de los Estados Unidos (1967). Aunque estas no gozan de la autoridad que detentan los escritos confesionales del luteranismo, especialmente la *Confesión de Augsburgo* y los catecismos de Lutero. No hay, pues, ningún escrito confesional que sea vinculante para todas las Comunidades reformadas. El principio congregacionalista de la autonomía de cada Comunidad prevé incluso el derecho de establecer los fundamentos de la propia fe.

b. Es nuclear el concepto de elección: la salvación humana no depende de la buena voluntad o las propias disposiciones, sino tan solo de la fe: el que cree está *predestinado*. En Calvino se encuentra sin embargo –a diferencia de Lutero– una cierta subordinación de la divinidad de Cristo, con una cierta tendencia nestoriana, en la que Jesús sería una persona humana asumida por el Verbo. La enseñanza reformada clásica de la «doble predestinación» –a la salvación o a la condenación– tiene hoy escasa relevancia. Pero igualmente los temas de la fe y la santidad, la penitencia y la conversión son todavía fundamentales en la teología reformada. El calvinismo está más pendiente que el luteranismo del concepto de santificación personal, que le lleva al cumplimiento de la ley y a la tarea de santificar el mundo.

c. Resulta fundamental también la realidad del *Dios vivo* que se revela en la Escritura. La Revelación soberana y gratuita de Dios en Jesucristo fue explicada de modo incisivo por el más importante teólogo reformado de la época moderna, Karl Barth. Allí se muestra bien lo que significa el *soli Deo gloria,* pues al reformador suizo le interesaba solo la gloria de Dios, y no tanto la propia salvación, como a Lutero. Puede reconocerse esto en la enseñanza sobre la soberanía de Dios: Dios realiza en el mundo su voluntad de un solo modo, por la soberanía fundada en Jesucristo y ejercida por medio de él.

d. La «*teología de la alianza*» reformada desarrolla el pensamiento de la soberanía de Dios en la perspectiva de la historia de la salvación, y considera el Antiguo y el Nuevo Testamento como una unidad: la «alianza de obras» y «de gracia» están ordenadas la una a la otra. El valor del Antiguo Testamento en el cristianismo reformado encuentra aquí su fundamento. El compromiso del cristiano con la alianza establecida con Dios está en la base de la ética cristiana («ética de la alianza») como consecuencia de la soberanía de Dios en el mundo. Desde esta perspectiva positiva, el cristianismo reformado encuentra fuerza para actuar en el mundo.

e. Los *sacramentos* –bautismo y Cena– están unidos a la Palabra, pues son signos y sellos de la predicación de la gracia. El bautismo no es necesario para la salvación, pero sí un serio mandamiento de Cristo, por lo que a veces se retrasa para la edad adulta según la propuesta anabaptista. La doctrina sobre la Cena –celebrada cuatro veces al año– se encuentra entre la de Lutero y Zwinglio. Las formas de la doctrina clásica (la presencia espiritual de Calvino y la con-sustanciación de Lutero) se entienden como intentos de comprensión de la misma fe eucarística, por lo que ya no se ve como fuente de división. Por eso practican la intercomunión o la llamada «hospitalidad eucarística» entre ellos. Si en la concepción luterana, la Eucaristía *es* el cuerpo de Cristo; en Calvino *está* y en Zwinglio solo lo *significa*.

f. Frente a un cierto pesimismo antropológico propio del luteranismo, encontramos un *optimismo* calvinista que entiende el mundo como tarea. En el calvinismo puede encontrarse una ética de la acción y del éxito, que le proporcionarán un gran éxito en su actividad misionera. No en vano, el sociólogo Max Weber formuló la teoría de la ética calvinista como fundamento del espíritu capitalista, si bien esta teoría ha sido profundamente discutida. Si para Lutero la religión es algo fundamentalmente interior, en Calvino presentará una dimensión marcadamente social. Frente a un cierto quietismo luterano, aparece un activismo calvinista que propicia la estructura democrática: «El calvinista –afirma Algermissen– que actúa con éxito para gloria de Dios se siente como elegido, como predestinado».

Este principio explicaría el desarrollo económico en países anglosajones, donde triunfó rápidamente el calvinismo. Aquí también existen diferencias con la visión católica, que procura combinar el éxito personal con el principio de solidaridad.

El ideal calvinista está caracterizado, por una parte, por la simplicidad y la *sobriedad* de las costumbres y la conducta y, por otra, por un interés vivo por las cuestiones sociales y políticas, por la ciencia y el arte. Es la llamada «moral puritana», que tanto ha marcado –para bien y para mal– el desarrollo de algunos países. La ética es vista como obediencia y realización de un ordenamiento eclesial unido al social y político. Como veíamos, Calvino propugnó la colaboración entre la Iglesia y el Estado: son dos poderes distintos pero subordinados a la soberanía de Dios, que deben colaborar para el bien de la misma y única sociedad humana. El dualismo luterano que distingue entre el poder secular y el espiritual es ajeno al pensamiento reformado. El poder temporal casi se identifica con el religioso.

## La Iglesia y el ecumenismo

Según Calvino, la *Iglesia* es la comunidad invisible de los predestinados, que se hace *visible* en su misión de guiar a todos. El reinado de Cristo debe manifestarse e imponerse por medio de los ministerios eclesiales, y por eso la estructura eclesiástica cobra una importancia decisiva. La fe y la disciplina adquieren un carácter prioritario en la Comunidad, y el Estado debe ayudar a la Iglesia. Esto constituye habitualmente Iglesias nacionales. Mientras en el luteranismo el poder temporal primaba sobre el espiritual, en el calvinismo será al contrario, hasta el punto de que a los disidentes en materia de religión se les ofrece el «privilegio» de poder emigrar.

De eclesiología trata casi la mitad de su *Institutio* de 1559, y en relación con el *ministerio* defiende lo que entiende como un testimonio neotestamentario, esto es, un ministerio de cuatro niveles: pastores, doctores, ancianos y diáconos. El ministerio episcopal no es sin embargo necesario para la Iglesia, de ahí los posteriores desarrollos «presbiterianos» opuestos a los «episcopalianos» o anglicanos. Esta enseñanza de Calvino se ha llevado a cabo de maneras diversas en los ordenamientos eclesiales reformados y el número de ministros ha sido modificado, quedándose en tres:

a. El párroco o servidor de la Palabra.
b. El presbítero (anciano o servidor de la Mesa).
c. El diácono o servidor de los pobres.

Estos tres ministerios guían la Comunidad en el presbiterio o consejo eclesial; pero la única cabeza de la Iglesia sigue siendo Cristo. Sin embargo, la eclesiología cristológico-pneumatológica de los reformados reclama abandonar la estructura jerárquica, ya que los diversos ministerios se comprenden como elementos que se integran recíprocamente a partir del señorío de Cristo. Ningún ministerio está subordinado a los demás, y ninguna Comunidad prevalece respecto a otras. Esto permite una «eclesiología abierta» y una estructuración más bien de tipo *congregacionalista* o presbítero-sinodal de tipo marcadamente participativo. No es este, sin embargo, un sistema de representación democrática de los fieles, sino de expresión de la comunión espiritual de la Comunidad fundada por Cristo en el Espíritu.

Los *sínodos,* que originariamente eran reuniones de los ministros para tratar de temas comunes, conceden un gran peso a los «laicos» (los no-teólogos) y los presbiterios locales de los *elders*. Estos no son meros consejeros sino que tienen los mismos derechos y deberes en el gobierno central o comunitario. Con esta organización las Comunidades reformadas han mantenido su identidad original y la independencia, especialmente donde –como en Holanda– no existía un gobierno eclesial regional. Han nacido así como movimientos de oposición a la reglamentación estatal o a la mayoría confesional, como en Escocia, Francia, Inglaterra y la Baja Renania. En relación con un magisterio vinculante, vale lo mismo que en las Comunidades luteranas: los sínodos tienen un papel particular, y el carácter abierto de la eclesiología reformada ha provocado las primeras uniones del cristianismo reformado.

La teología ecuménica reformada es sobre todo de

tipo *federalista,* pues busca la unión entre las distintas Comunidades separadas al unirse entre ellas. Así, las «Iglesias unidas» *(unierte Kirchen)* en Alemania fueron las uniones promovidas por el Estado entre reformados y luteranos en el siglo XIX en territorios confesionales mixtos. Aquellas alianzas, nacidas con la oposición popular y separadas de las Comunidades luteranas, son uniones administrativas que han alcanzado la intercomunión eucarística entre las distintas denominaciones protestantes. Así, las Iglesias reformadas en Europa dieron un paso esencial en la Concordia de Leuenberg de 1973, entre las que existe comunión doctrinal y eucarística. Por tanto, un calvinista puede comulgar en una Comunidad luterana, y viceversa. El teólogo luterano Oscar Cullmann (1902-1999) propuso por el contrario la fórmula de la «diversidad reconciliada», de gran aceptación en la actualidad en círculos ecuménicos. Esta propuesta promueve la unidad, sin comprometer la propia identidad.

# 3
# El anglicanismo*

Han pasado 485 años desde que Enrique VIII quiso asegurarse la descendencia en la dinastía y rompió con Roma. Desde entonces han surgido numerosas iniciativas eclesiales y evangelizadoras, que dan lugar en gran parte al panorama actual del cristianismo en todo el mundo. No solo el anglicanismo, sino también el presbiterianismo, el metodismo y el evangelicalismo. El mundo cristiano actual está marcado por estos orígenes anglosajones. Ver la situación actual en la isla donde venció el *Brexit* puede ayudar a comprender también las perspectivas de futuro para todo el planeta. Desde un principio toda la historia de la Iglesia de Inglaterra ha pivotado entre sus orígenes católico-romanos, el anglicanismo autóctono y una marcada influencia del calvinismo, dependiendo sobre todo del monarca reinante. El pasado, el presente y el futuro se entretejen al ofrecernos el panorama actual.

* Publicado como «El anglicanismo: pasado, presente y futuro», *Palabra* 680-681 (2019/7) 78-81. Debo agradecer de un modo especial a Fr. Mark Langham, antiguo capellán de la Fisher House en Cambridge, su hospitalidad en mayo de 2019 y las conversaciones que pude mantener con él. En enero de 2021 falleció de modo repentino, por lo que estas páginas pretenden ofrecer un tributo de agradecimiento.

## Una historia oscilante

Enrique VIII fue tan antiluterano como antirromano. En parte porque el clero inglés estaba cansado de la fiscalidad papal y por la excesiva acumulación de riquezas de las órdenes religiosas, poco a poco la nueva Iglesia fue ganando adeptos. Dado el apoyo del clero y del pueblo, el rey llegó a nombrarse jefe de la Iglesia de Inglaterra (1531). Haciendo caso omiso a las advertencias del papa Clemente VIII, el arzobispo de Canterbury anuló su primer matrimonio. Sin embargo, los comienzos no fueron del todo contrarios a las enseñanzas católicas. El que había sido nombrado Defensor de la fe redactó los *Seis artículos* en 1539, lejos de los principios protestantes. Recordaba la doctrina de la transustanciación, mantenía la comunión bajo una especie, prohibía la ruptura del celibato y de los votos religiosos y mantenía la confesión auricular y las misas por los difuntos.

Su sucesor, Eduardo VI, introdujo la influencia calvinista venida del continente. De hecho, el primer arzobispo de Canterbury, Thomas Cranmer (1489-1556), mantendrá relación epistolar con Calvino y Bucero. Es el momento de la minimización de la liturgia y de la supresión de las imágenes, así como de la redacción del *Common Book of Prayer* (1552). Se establecieron entonces como pilares fundamentales de la nueva Iglesia:

a. La Biblia.
b. Los dos sacramentos del bautismo y la Cena.

c. Los símbolos de los primeros concilios.
d. La estructura episcopal que tenía al rey como cabeza.

Mitra y corona, trono y altar, Iglesia y Estado quedaban así unidos en la figura del rey. Las reformas vinieron desde la cúpula, mientras el pueblo se debatía entre seguir esta Iglesia oficial o mantenerse fieles a Roma en la clandestinidad, incluso bajo la pena de muerte.

Con María Tudor (1516-1558) se escenificó la restauración o el retorno al catolicismo, con el reconocimiento del Papa como cabeza de la Iglesia en Inglaterra. Bajo este periodo tuvo lugar también la represión de los protestantes, que le hizo merecedora a la reina de la hostilidad del pueblo y del sobrenombre de *Bloody Mary*. Condenada ella misma a la pena de muerte, fue una época fugaz que sobre todo proporcionó una buena justificación para perseguir a los católicos, no permitidos hasta dos siglos después. Durante el reinado de Isabel I (1533-1603), a caballo entre el siglo XVI y XVII, se elaboró la constitución formal de la Iglesia anglicana y la consolidación de la Iglesia nacional.

Se difundieron entonces las ideas protestantes, concretadas en la *Ley de uniformidad del culto* de 1559, que prohibía cualquier forma celebrativa distinta de la anglicana, y los *39 artículos de religión* de 1563. Y la reina quedará siempre como *supreme Governor,* también de la Iglesia. Aparecerá un nuevo *Common Book of Prayer* (1563), que enmienda errores anteriores, como el cambio de fórmula de la ordenación. La excomunión en 1570 por parte de Pío V dio lugar a una nueva incomprensión y persecución contra los católicos. En el siglo XVII, con el calvinista Oliver Cromwell (1599-1658) a la cabeza, aconteció una nueva persecución no solo contra los mismos anglicanos sino también contra los católicos. Hasta 1829 estos no obtendrán carta de ciudadanía en los dominios británicos.

## Una teología propia

La versión formulada por la Reforma inglesa presenta sus características propias. En primer lugar, el realismo y el empirismo, propios del temperamento británico. Este sentido práctico y conciliador les lleva a mantener por un lado el culto y la jerarquía propiamente católicos, a la vez que el mencionado protestantismo moderado.

Una de las realidades irrenunciables será una *Iglesia de carácter nacional,* enlazada a la administración política, donde se encuentran unidos trono y altar. Todavía mantiene la disposición de que tanto el rey, su heredero, como el lord canciller deben ser anglicanos. Por otra parte, conservan aparentemente la estructura episcopal, a pesar de las vicisitudes históricas y sacramentales del episcopado en esta confesión. Aparentemente mantiene elementos visibles de la sucesión apostólica, así como la evidente falta de comunión con el Papa y los obispos.

En segundo lugar, tenemos un *calvinismo moderado,* en una reforma que en realidad es más política que teológica. Por ejemplo, muy pocos se plantean seriamente el problema de la predestinación. Tienen como norma de fe la Escritura, los Padres y los primeros concilios, por lo que la doctrina luterana de la sola Escritura queda ampliamente matizada, si bien resultan inevitables las oscilaciones en una y otra dirección. De esta manera, nos encontramos ante una unidad entre religión y vida social, a pesar de presentarse siempre como una *via media* entre Roma, Wittenberg y Ginebra. En definitiva, lo que podríamos llamar los elementos de unidad en un principio serían la Biblia, el *Libro de la oración común,* el episcopado y la corona, en mayor o menor medida, según los casos.

A partir del siglo XVIII el anglicanismo pasó de un ámbito nacional a uno internacional. Son los momentos de la expansión por todas las colonias del imperio británico, donde desarrollaron entonces una intensa labor misionera. En América se crea la Sociedad para la propagación del Evangelio en 1701. En estas tierras se dividirá todavía más la tendencia entre los episcopalianos, partidarios de la sucesión histórica del episcopado, y los presbiterianos de origen calvinista, en cuyas Comunidades gobiernan los *elders* o presbíteros y renuncian a toda autoridad episcopal. En esa época empiezan también los movimientos renovadores, que darán lugar a realidades conocidas como los baptistas, los cuáqueros (que destacan el aspecto individual y subjetivo de la fe) y el metodismo, que promueven el sentido de pertenencia a una determinada Comunidad. El evangelicalismo propuso la Biblia, Cristo y la cruz como el centro y la única instancia de la vida cristiana. Mientras tanto, como veremos, el Movimiento de Oxford reivindicaba a la Iglesia antigua. Pero todo esto merece ser visto un poco más despacio.

## La Iglesia anglicana, hoy

A finales del siglo XIX fue fundada la Comunión anglicana como una «fraternidad de Iglesias descentralizadas», una familia de Comunidades eclesiales en todo el mundo. El único vínculo sería el reconocimiento del arzobispo de Canterbury como *primus inter pares* y la asistencia periódica a la Conferencia de Lambeth como un sínodo máximo con carácter consultivo, sin competencias –por tanto– doctrinales o disciplinares. La actual Comunión anglicana está compuesta por la Iglesia de Inglaterra, Gales, Escocia e Irlanda; la Iglesia de Canadá, Australia y Nueva Zelanda; la Iglesia protestante-episcopal de Estados Unidos y las Iglesias establecidas y diócesis misioneras en las antiguas colonias inglesas. Las divisiones culturales y teológicas entre estas distintas circunscripciones son de sobra conocidas, hasta el punto de que se habla con frecuencia de un posible cisma o de una alianza con los metodistas. No supondría una gran novedad pues, en 1992, los anglicanos se unieron con los luteranos nórdicos y bálticos en la Conferencia de Porvoo.

A una inicial Iglesia de Inglaterra ha seguido después una Comunión anglicana, fruto de la *Commonwealth* y la globalización. Ahora mismo hay muchos más anglicanos fuera de las islas británicas que en ellas, como resulta lógico. El anglicanismo se ha convertido en un fenómeno con 85 millones de fieles en todo el mundo. La variedad interna dentro de él ha sido una constante en su historia, de modo que se debate entre una *High Church* partidaria de la *via media* entre Roma y Ginebra, y una *Low Church* con una inevitable tendencia al protestantismo. Incluso se habla de una *Broad Church,* creada en época de la Ilustración. Los debates internos en torno al sacerdocio de la mujer y el lugar de los homosexuales activos en la jerarquía (incluyendo la bendición de las parejas de este tipo) constituyen una de sus actuales señas de identidad.

Desde la negativa por parte de León XIII a reconocer la sucesión apostólica en los anglicanos (1896), su misma realidad interna ha confirmado este veredicto. El ministerio eclesial en estas Comunidades eclesiales no sería idéntico al sacerdocio presente en las Iglesias católica y ortodoxas. Lo que supuso en un principio un enfriamiento de las esperanzas ecuménicas supone ahora un hecho incontrovertible. Los diálogos bilaterales entre anglicanos y católico-romanos (ARCIC I, II y III) han estado abordando estos temas desde el punto de vista teológico, especialmente en lo que se refiere a los sacramentos, el ministerio y la eclesiología. El documento *María, gracia y esperanza de los cristianos* (2004), relacionado también con el sacerdocio de la mujer, supuso a su vez el inicio de una nueva época en las conversaciones, si bien no es reconocido por todos los anglicanos. En la actualidad, los estudios van por la línea metodológica, sobre todo acerca de la interpretación de la Escritura.

La Iglesia anglicana siempre se ha movido dentro de la *comprehensiveness,* con un espíritu que algunos consideran ecléctico. Alberga en sí tanto un liturgismo, que recuerda a tiempos pasados, como un espíritu evangélico donde predominan los testimonios y la música con alto voltaje emocional. Podemos ver un cierto tradicionalismo conviviendo con un espíritu liberal, donde incluso no siempre aparece clara y explícita la divinidad del mismo Jesucristo. La secularización ha llegado también a estas Comunidades, que en la actualidad se nutren sobre todo de inmigrantes. Todo esto está cambiando el rostro de estas Comunidades, incluso con obispos venidos de todo el mundo. Además, queda todavía pendiente todo el debate interno sobre el papel del Estado en la estructura eclesial (por ejemplo, de la figura del monarca). Si la unidad entre Iglesia y Estado ha sido la fortaleza de la Iglesia anglicana, ahora se convierte en parte en su debilidad.

## La Iglesia católica en las islas

Toda esta amalgama nos hace pensar en un panorama variopinto y en continua evolución. El número de cristianos en el Reino Unido alcanza los 41 millones, constituyendo así el 72% de la población total. De ellos tan solo el 12% son católicos, en una Iglesia compuesta todavía por inmigrantes en su mayor parte. Sin embargo, el renacimiento de la cultura católica (con figuras como Newman, Knox, Chesterton o Tolkien) ha proporcionado un nuevo rostro a la Iglesia católica en el Reino Unido. La inicial situación de inferioridad institucional resulta evidente, pero presenta también ahora un futuro y una esperanza, pues se encuentran católicos entre todas las clases sociales. Los procedentes del anglicanismo no son infrecuentes, tanto de los ordinariatos personales (todavía con escasos laicos) como de incorporaciones personales a la plena comunión con la Iglesia de Roma. No constituyen grandes números pero sí un continuo flujo que a veces supone parroquias enteras.

La creación de los ordinariatos para anglicanos en 2009 por parte de Benedicto XVI creó malestar entre los anglicanos. Roma tan solo abrió sus puertas cuando hubo un grupo de anglicanos que no se reconocían en su propia Iglesia. La misma Iglesia de Inglaterra creó obispos ambulantes para aquellos fieles que no compartían esta nueva eclesiología. Las aproximaciones por ambas partes parecen inevitables en un panorama eclesial y social algo confuso. Según las estadísticas, la asistencia dominical es más alta en la Iglesia católica que en la anglicana, si bien en ambos casos apenas supera el millón (el número de anglicanos es de 26 millones). En 2017 entraron 27 nuevos seminaristas católicos en todo el país. La canonización en Roma del muy inglés John Henry Newman, venerado tanto por anglicanos como por católicos, podría propiciar un nuevo acercamiento entre ambas confesiones y un renacimiento de la Iglesia en el Reino Unido.

## 4
# La tercera Reforma*

En la actualidad hemos comprendido mejor la diferencia entre las Iglesias libres y otros nuevos movimientos religiosos de origen protestante. El diálogo ecuménico lo ha facilitado. No es fácil precisar una identidad común de estas Comunidades, pues no existe una definición exacta de ella. La expresión misma es de aparición tardía, en el siglo XIX. La expresión «Iglesias libres» no tiene un sentido teológico sino sociológico. El concilio Vaticano II habla más bien de «Comunidades eclesiales» surgidas a partir de la Reforma protestante, pero que no pueden ser consideradas todavía verdaderas «Iglesias». Es la doctrina del *defectus ordinis (Unitatis redintegratio,* 22), por la que estas Comunidades habrían perdido la sucesión apostólica y, con ella, el sacerdocio y la mayoría de los sacramentos. Conservan, eso sí, el bautismo y la palabra de Dios, que son los primeros elementos de eclesialidad y santidad. Son, por tanto, Comunidades cristianas que responden a unas características generales, pero con gran diversidad entre

* Puede verse con más detalle en P. BLANCO-J. FERRER, *Lutero, 500 años después. Breve historia y teología del protestantismo,* Rialp, Madrid 2017², 119-145, 180-185.

ellas. Las Iglesias libres constituyen un tipo especial de Comunidad eclesial, fundada en el bautismo (muchas veces de adultos), que se sienten herederas de los principios de la Reforma, especialmente el de *sola Scriptura;* pero cada una de ellas ha surgido por una determinada situación histórica –un pastor, un fundador– o, con frecuencia, una separación o una expulsión.

## El metodismo

El *metodismo* es el movimiento iniciado por John Wesley (1703-1791), párroco anglicano, profesor universitario y uno de los más afamados predicadores de su tiempo: «Su modo de predicar –escribe Algermissen– era sencillo y popular, pero penetrante». Realizó una gran labor misionera, también ayudado por laicos; su objetivo no era fundar una nueva Iglesia, sino la renovación de la vida religiosa y ante todo del ambiente estudiantil en el que desarrollaba su actividad. Por la regularidad de sus reuniones, obras de caridad y prácticas de piedad, recibieron en Oxford el nombre irónico de «metodistas». En los años 1735-1737, Wesley trabajó en Estados Unidos como párroco anglicano. Allí conoció a los colonos alemanes formados en el pietismo: de ellos tomó el principio de la «sola fe» y la necesidad de la penitencia.

Tras su regreso a Londres en 1738, Wesley experimentó una nueva conciencia de fe. Las nociones de «entusiasmo» y «conversión personal» ocupan un lugar central en su praxis. La doctrina varía ligeramente respecto a sus orígenes. En la Biblia los metodistas no reconocen los libros deuterocanónicos sino solo aquellos que se utilizaron originariamente en la liturgia (protocanónicos), y predican la universalidad del pecado y de la corrupción de la naturaleza humana. Existe una cierta primacía de la palabra de Dios sobre los sacramentos del bautismo y la Cena. A diferencia del pietismo, el metodismo se lanzó a la conversión de las masas: la cura de almas y una intensa vida comunitaria ocupan el centro de su actividad evangelizadora. Las mujeres y los hombres que participaban en ellas, habitualmente de clase trabajadora y modesta extracción social, oraban libremente durante las reuniones, se confesaban recíprocamente sus pecados y se ofrecían apoyo mutuo para llevar una vida santa.

En el seno de la Iglesia anglicana tuvo lugar entonces un «despertar evangélico» que salía al encuentro de la necesidad de un pueblo abandonado: un cierto número de clérigos había experimentado en primera persona la conversión y ardían en celo de despertar espiritualmente al pueblo. Emergían en primer plano los acentos típicamente protestantes de la salvación por la fe, la centralidad de la Biblia y su predicación. Era esta una corriente típica de la *Low Church,* dotada con una clara vocación social y bendecida por su especial difusión en las masas obreras. Este movimiento presenta pues un carácter predominantemente prácticopastoral: con una predicación fundamentalmente bíblica, proclaman la conversión y la salvación. Los primeros misioneros evangélicos recorrieron el país como predicadores itinerantes, pero suponían un peligro por dañar el sistema de parroquias y el orden eclesial, por lo que fueron marginados y expulsados de las instituciones anglicanas.

## *Amish*, baptistas y cuáqueros

Los menonitas o *amish* toman el nombre de un sacerdote católico holandés, Menno Simons (ca. 1496-1561). Son pacifistas y en ocasiones contrarios al progreso técnico. Se diferencian de otros protestantes en la praxis bautismal: solo bautizan a adultos entre 14 y 17 años que, tras una preparación adecuada, hacen una profesión de fe y expresan la voluntad de convertirse al seguimiento de Cristo. El bautismo es administrado con agua en el nombre de la Trinidad, y considerado válido por la Iglesia católica, sea por inmersión o por infusión. Los menonitas reconocen el bautismo de un niño bautizado cuando se convierte después con una decisión libre y consciente, de modo que no hay un segundo bautismo en la Comunidad, salvo excepciones.

La corriente *baptista* surgió de la radicalización de la Reforma de Zwinglio en el siglo XVII, aunque también en contraste con él. Hay además un trasfondo calvinista en su doctrina y un acentuado énfasis en la libertad de conciencia, al rechazar los conceptos de «Iglesia», «dogma», «liturgia» y «sacerdocio». En lo eclesiológico, reina la más absoluta democracia eclesiástica. Cada Comunidad es autónoma y puede tomar sus decisiones de modo independiente; su relación con otras es en términos de una «alianza», a la que se asocian libremente. Esta confesión surge pues de la agrupación de Comunidades. Es necesaria una experiencia de salvación antes de recibir el bautismo. La actividad evangelizadora es un rasgo irrenunciable de estas Comunidades, que buscan acercar a los alejados del Evangelio: su objetivo es despertar en las personas el seguimiento de Cristo y la comunión con Dios.

George Fox (1624-1691), fundador de los *cuáqueros,* contempló el tiempo turbulento de luchas de poder en Inglaterra entre católicos, anglicanos y puritanos. En su búsqueda personal de Dios ninguna de ellas logró mostrarle un camino claro. En 1647, entre los «temblores» (inglés: *to quake)* interiores de una iluminación interior, llegó a la convicción de que cada uno lleva en sí mismo la respuesta a la pregunta por Dios: en cada uno hay algo divino y que permanece en silencio. Allí habla Dios. Por tanto, se trata de alcanzar una «luz interior» que quita los pecados y une a cada uno con Cristo. En esto somos todos iguales, y este sentimiento de igualdad era fundamental para los cuáqueros. Con sus seguidores, Fox llevó una vida ascética, orientada al prójimo. Rechazaba prestar juramento y pagar impuestos eclesiásticos; optó por la no violencia y predicó su mensaje por toda Inglaterra, donde fue perseguido.

Todavía en este tiempo de dificultades, el cuáquero William Penn (1644-1718) obtuvo la concesión de fundar una colonia inglesa en Nueva Jersey, donde fundó el Estado de Pennsylvania en 1681, como realización política de la religiosidad cuáquera, que luchó incansablemente contra la esclavitud. Los cuáqueros se entienden a sí mismos como parte de la Iglesia de Jesucristo, aunque sean una «*religión sin dogma*». La revelación de Dios no es un acontecimiento perdido en el pasado, sino que puede brotar en cualquier momento en el corazón de quien busca sinceramente a Dios. La liturgia se desarrolla sobre todo en reuniones para la «oración silenciosa», en lugares sencillos sin cruces ni objetos religiosos; no admiten sacramentos (ni el bautismo ni la Cena), ni días festivos, ni acciones solemnes. Este cuerpo doctrinal y celebrativo tan mínimo contrasta con las exigencias éticas, basadas en el descubrimiento del mensaje de Dios en cada persona.

## Los evangélicos

En ocasiones han sido calificadas como «*Iglesias de laicos*», porque en ellas no existe diferencia entre ordenados y no ordenados, o por lo menos es bastante menor que en otras Comunidades. En ellas el Espíritu llama a todo cristiano al sacerdocio, sin diferenciar entre el bautismal y el ministerial; no hay ministerios especiales en la Comunidad sino simplemente diversidad de funciones carismáticas: no quieren ser «Iglesias de pastores», aunque exista el oficio de predicador o de pastor. Practican el bautismo por inmersión. A partir de los siglos XVI y XVII, con ocasión de las controversias religiosas inglesas contra la Iglesia anglicana, emergieron Comunidades «independientes»: las actuales «Comunidades evangélicas libres», propias del congregacionalismo, se sienten herederas del movimiento del «despertar» del siglo XIX.

Dan lugar a *Comunidades pietistas,* con fuertes convicciones morales y con fieles que se separaban de todo lo que contrasta con lo divino: lo «secular» y, por tanto, también de la Iglesia histórica o institucional, que consideraban «muerta» y «secularizada». Partían del principio de que la Comunidad cristiana nace allí donde los discípulos de Jesús se encuentran unidos en la obediencia a su Palabra bajo la guía del Espíritu. Estas Comunidades tienen poderes propios y una total autonomía, no solo independientes del poder secular sino también de obispos y sínodos. Se agrupan a nivel mundial en la Alianza internacional de Comunidades evangélicas libres. La estructura es de tipo congregacionalista, y la Alianza se comprende como una «comunión espiritual de vida y de servicio entre las Comunidades independientes». En cuanto a la doctrina, se acercan a los postulados de la Reforma calvinista, con influjos pietistas y baptistas.

En estas Comunidades evangélicas, no existe el concepto de *sacramento,* aunque celebran el bautismo y la Santa Cena. Rechazan el bautismo de niños, pues según la Escritura, debe estar precedido por la conversión. Los adultos, y solo ellos, son bautizados en el nombre de la Trinidad por inmersión; dejan a la conciencia de cada uno si, cuando quieren ingresar en la Comunidad, debe o no re-bautizarse. La Cena del Señor se celebra habitualmente una vez al mes, de modo independiente o integrada en la liturgia habitual, celebrada también por un laico. Es entendida como «banquete de comunión», que une a los fieles con Cristo y entre ellos, como «convite de esperanza», en la espera del regreso del Señor que ascendió al Padre.

## Los adventistas

Las Iglesias cristianas de los adventistas del séptimo día surgen en el siglo XIX, en un clima de viva conciencia del *regreso de Cristo* en la gloria, que se había extendido en numerosas Iglesias libres. En el nombre mismo de «adventistas» se subraya la espera del advenimiento de Cristo, y la santificación del sábado –el séptimo día– y no del domingo. Fue fundada por William Miller (1742-1849), quien estableció de modo exclusivamente personal teorías escatológicas sobre la segunda venida de Cristo. Su origen se remite a su vez a Ellen G. White (1827-1915) y otros predicadores, que son considerados profetas del fin del mundo, poseedores del don de la predicción (concretamente, pensaba una fecha la de 1844). Al no cumplirse esta predicción del fin del mundo, llegó a la conclusión de que toda la Iglesia debía estar siempre vigilante a la espera del regreso del Señor, como centro de la Biblia, que relativiza toda tradición eclesial histórica.

Confiesan la primacía de la Biblia y la doctrina de la *sola fides,* a la vez que se rechaza la doctrina calvinista de la predestinación. Los adventistas surgen como Comunidad en 1863. No constituyen una doctrina extra-bíblica, ni contradicen la fe trinitaria del Nuevo Testamento; tampoco tienen una pretensión de exclusivismo, e incluso han entrado en diálogo con otras Iglesias. Insisten en los diez mandamientos, la santificación del sábado, la importancia de los diezmos y la espera de la inminente llegada de Cristo. No admiten el bautismo de niños y se celebra por inmersión; reciben la comunión en la Cena cuatro veces al año. Prestan especial atención a una vida corporal saludable mediante una disciplina ordenada de vida. Defienden la libertad religiosa y la separación entre Iglesia y Estado, como Iglesia libre que son.

## Los pentecostales

La insistencia en el «despertar» espiritual y la conversión, y la aspiración a una vida cristiana más alta en la santificación hicieron surgir a los pentecostales en Los

Ángeles en 1910, que buscaban *una experiencia plena del Evangelio.* Los cristianos son llevados a una vida santa en el testimonio y el servicio movidos por el Espíritu. Esta efusión, como en Pentecostés en Jerusalén, se convierte en el llamado «bautismo del Espíritu», con dones como la glosolalia y la «sanación» física y mental. Las primeras experiencias pentecostales tuvieron lugar sobre todo en Comunidades afroamericanas, donde surgió un «movimiento de los que hablan en lenguas», que pasó a Europa y a todo el mundo. Hay relaciones internacionales entre ellos, aunque rechazan una estructura mundial, si bien existe la Conferencia pentecostal mundial.

La doctrina que suelen sostener es que el proceso de salvación sucede en tres pasos: conversión, santificación y bautismo en el *Espíritu.* La Escritura es la base de la fe, que se abre a la interpretación mediante el Espíritu. Cristo ha obrado la justificación y el perdón, pero redime y santifica mediante el Espíritu. Todo es obra del Espíritu: la conversión, el renacimiento y el crecimiento en la vida cristiana. El bautismo se realiza solo a adultos y por inmersión, en nombre de la Trinidad. Sobre la necesidad de un segundo bautismo, decide el propio interesado que aspira a entrar en la Comunidad y fue antes bautizado en otra. En algunas Comunidades, sin embargo, se rebautiza habitualmente.

Ven en la *Biblia* un libro sagrado, cuyos escritores fueron inspirados por el Espíritu, que contiene la palabra de Dios y, por tanto, su incondicional regla de fe y conducta. Al igual que las demás Comunidades protestantes, creen en el pecado original y, en particular, en las figuras de Satanás, Adán y Eva; así como en la posibilidad de santificación del ser humano, por medio de la práctica religiosa y la fe. Los pentecostales se consideran parte de la «Iglesia de Cristo», sin tener grandes desavenencias con Iglesias históricas como las presbiterianas o bautistas (algunos pentecostales, no obstante, están contra el ecumenismo).

La liturgia pentecostal varía en cada Comunidad, organización o corriente pentecostal; pero su principal actividad consiste en la lectura tanto del Antiguo como del Nuevo Testamento. Durante las ceremonias se suelen interpretar himnos y otros cantos de alabanza de variados estilos, acompañados de música, aplausos, coros, bailes y exclamaciones de júbilo. Además de promover un cierto perfeccionismo ético, priman las experiencias sobrenaturales sobre lo cotidiano, el éxtasis sobre la ascesis cotidiana. Presenta un cierto tono *individualista*. Es un cristianismo que carece de dogmas y estructuras: cada fiel, en cuanto miembro de Cristo, recibe directamente las inspiraciones del Espíritu y puede tener una serie de experiencias místicas, que antes estaban reservadas para unos pocos. Las Comunidades y sus pastores suelen organizarse según el estilo congregacionalista y, en la actualidad, constituye numéricamente el tercer grupo de cristianos –después de las Iglesias católica y ortodoxa– con unos 300 millones de fieles.

5

# Síntesis doctrinal*

«En realidad –concluye Algermissen–, la historia del protestantismo ha sido hasta ahora la historia de una progresiva escisión, a la que no ha puesto fin ni siquiera la intensa y delicada labor del ecumenismo en estos años». Empezando por las *divisiones* que se dieron ya en tiempos de Lutero (Zwinglio, Bucero, Ecolampadio, Karlstadt, Müntzer y los anabaptistas...), hasta los desarrollos doctrinales de Melanchton tras la muerte del reformador alemán o las escisiones del anglicanismo también desde el «despertar» del siglo XIX, el protestantismo ha estado dirigido por pastores, teólogos y personalidades geniales, que han dejado su profunda huella en su propio desarrollo continuado a lo largo del tiempo.

La Reforma ha sido así continuamente *reformada y refundada,* y ha estado marcada desde el principio por habituales disputas teológicas. Las sucesivas divisiones y reunificaciones (primero en las Iglesias históricas o nacionales, y después en las Iglesias libres o Comunida-

* Una versión inicial apareció con el título «¿En qué se diferencia la fe de un católico de la de un protestante?», en J. Miras-T. Trigo (eds.), *50 preguntas sobre la fe,* Eunsa, Pamplona 2013, 94-96.

des evangélicas o pentecostales) han dejado un mapa de la situación difícil de seguir para orientarse. El resultado final podría ser pues el que se puede ver en el siguiente árbol genealógico de las distintas denominaciones protestantes:

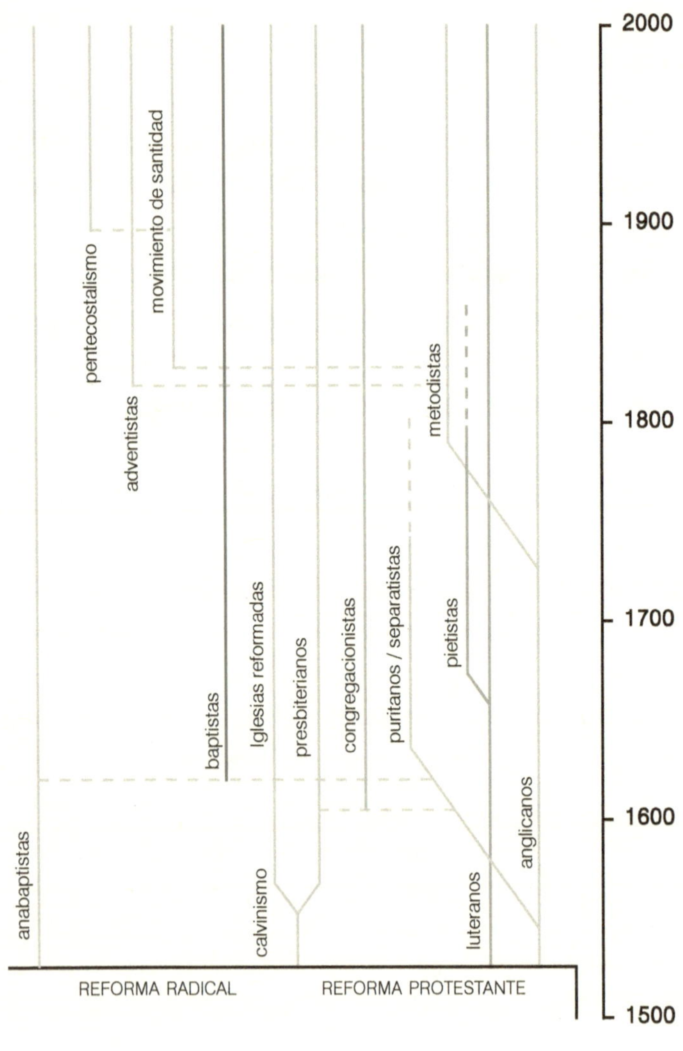

En fin, intentemos igualmente sintetizar para acabar cuáles son las principales *características de la doctrina protestante* en general, tras las evoluciones teológicas posteriores al luteranismo. «Un solo Señor, una sola fe, un solo bautismo» (Ef 4,5), exclama san Pablo: los católicos y los protestantes tenemos la misma fe en Jesucristo como Hijo de Dios, hemos recibido el mismo bautismo y meditamos y predicamos la misma palabra de Dios. Existen sin embargo ciertas diferencias doctrinales, que exponemos ahora aun a riesgo de incurrir en simplificaciones:

1. La *Biblia* de los católicos tiene 73 libros mientras que la de los protestantes 66 (no aceptan por ejemplo los deuterocanónicos, como Macabeos, Tobías, Judith, Qohélet o Sabiduría, Sirácida o Eclesiástico, Baruc). Tienen por tanto un canon bíblico distinto al establecido en Trento, y además creen que solo la Biblia es fuente de la Revelación de Dios a la humanidad (doctrina de la *sola Scriptura)*. También la enseñanza del «libre examen» de las Escrituras excluye la lectura de toda la Iglesia como criterio interpretativo. Es una interpretación más solitaria que solidaria. Los católicos encuentran la Revelación no solo en la Escritura, sino también en la tradición y en el magisterio, leídos todos ellos de modo armónico. Sin embargo, hay también protestantes que sostienen que *sola Scriptura numquam sola,* con lo que se está afirmando la dimensión eclesial de las lecturas de la Escritura.

2. Los católicos aceptan –junto con la Palabra y la predicación– siete *sacramentos,* mientras Lutero solo admitía dos o tres: el bautismo, la Cena y a veces la penitencia; los demás serían tan solo signos de bendición con tan solo un cierto simbolismo. La dimensión sacrificial es negada tanto en el sacerdocio como en la Eucaristía, así como la presencia sustancial de Cristo en las especies eucarísticas después de la celebración. No hay por tanto reserva ni culto eucarístico, en principio. Este sacramento no parece tener la importancia que presenta en las Iglesias católica y ortodoxas. En definitiva, en general parece claro que los protestantes tienden a dar una mayor importancia a la Palabra y a la predicación como medios para obtener la gracia, que a la liturgia y la celebración de los sacramentos.

3. En la idea de *Iglesia* existen también diferencias: mientras los católicos creemos que Jesucristo fundó la Iglesia para continuar la salvación que él nos trajo, los protestantes tienden a desconfiar de cualquier mediación. Suelen decir: «Cristo sí, Iglesia no» (doctrina del «solo Cristo»), mientras los católicos repiten: «Cristo sí, Iglesia también». Los padres de la Iglesia manifestaban de forma poética que si Cristo es el sol, la Iglesia es la luna que refleja la luz del sol. La Iglesia es más bien entendida entre los protestantes como *sponsa Verbi* o *communio sanctorum,* que como cuerpo de Cristo, que vive de la Eucaristía. Pero también la doctrina de la Iglesia como «esposa de Cristo» ha sido bien recibida

entre los protestantes, pues respeta al mismo tiempo la unidad y la alteridad entre ambos. Por tanto, mantienen en general una cierta distancia con la concepción sacramental, apostólica y universal de la Iglesia.

4. Sobre la *autoridad* en la Iglesia existen también divergencias. Los católicos ven en el orden sacerdotal un sacramento, mientras los protestantes lo entienden solo como un mero servicio a la comunidad, con un carácter más funcional que ontológico-sacramental. Mientras reconocen la predicación y los sacramentos como elementos de unidad, no ocurre así con el ministerio. Tampoco el Papa y los obispos –como sucesores de Pedro y los demás apóstoles– son entendidos como una mediación necesaria para llegar a Dios (tal vez por esto los protestantes tienden a la dispersión doctrinal e institucional). Para la Iglesia católica, la idea de «sucesión apostólica» –transmitida también por el sacramento del orden– tiene una gran importancia para llegar del modo más efectivo posible la doctrina y la gracia que Jesucristo nos ha dispensado (cf *Unitatis redintegratio,* 22).

5. Mientras los católicos veneran a *la Virgen y a los santos,* los protestantes rechazan tal intercesión: *solus Deus, solus Christus.* Confiesan a María como madre del Redentor, virgen antes y después del parto; pero rechazan los dogmas de la asunción y de la inmaculada concepción. Tampoco le profesan una especial devo-

ción. No rezan por ejemplo el rosario u otras oraciones marianas. Algunos de ellos tienden también a rechazar las imágenes como representaciones que nos ayudan a dirigirnos a Dios. A pesar de que reconocen la preeminencia de los santos, de ahí no se sigue –según su propia comprensión– que deban ser venerados.

6. Existen de igual manera diferencias sobre la existencia del *purgatorio:* mientras los católicos lo ven como un estado de purificación previo a la bienaventuranza eterna, los protestantes piensan que es casi una superstición. No suelen ver como necesaria –al menos como principio teológico– la petición por vivos y difuntos, por las iniciales críticas de la doctrina de la justificación y de las indulgencias. Sin embargo, la misma necesidad humana de rezar por los difuntos resulta en cierta manera reconocida en la práctica en algunos casos. El juicio e incluso la resurrección se realizan para los protestantes de modo inmediato *post mortem* –irían inmediatamente a Cristo–, por lo que no admitirían una escatología intermedia, aunque sí un cierto espacio de purificación.

7. Y aquí llegamos al núcleo y al origen del problema: la doctrina de *la justificación* ya estudiada. A través de la afirmación «el justo vive de la fe» (Rom 1,17), los protestantes tienden a subrayar la exclusiva necesidad de la fe y la gracia para la salvación (doctrina de la *sola fide).* Ante la gracia, solo cabe pasividad *(sola gratia).*

Los católicos añadimos además las obras, porque «la fe sin obras es fe muerta» (Sant 2,17), que también aparece reflejado en algunos otros textos paulinos. «La fe que obra por la caridad» (Gál 5,6) no solo expresa la complementariedad entre ambas, sino también la primacía del amor en el mensaje cristiano.

# 6
# La justificación, hoy*

En octubre de 1513 Martín Lutero iniciaba las clases de Sagrada Escritura en la universidad de Wittemberg, y durante los cuatro años siguientes recorrió los salmos y las epístolas paulinas a los romanos, a los gálatas y a los hebreos. Llegó a conocerlas casi de memoria. Pasados estos cuatro años, se había realizado en él una profunda transformación, pero ¿cómo ocurrió este cambio de pensamiento? Como es bien sabido, este aparece claramente en el comentario a la *Epístola a los romanos,* que resume sus lecciones entre 1505 y 1518. En estas fechas ya había tenido lugar el cambio interior de Lutero en lo que él llama la «experiencia de la torre» *(Turmerlebnis)*. Fue como una luz especial que, según él, recibió de Dios y que le solucionaba todas sus angustias y dificultades. En ella influyeron tanto su rechazo teórico del voluntarismo ockhamista de Gabriel Biel (1420-1495), como su experiencia personal sobre la necesidad de la gracia para la vida cristiana.

* Publicado como «Solo Cristo y su gracia. De la *Declaración conjunta sobre la doctrina de la justificación* de 1999 a la situación actual», *Pastoral ecuménica* 103 (2017) 50-62.

Sin embargo, no hemos de olvidar que los comentarios luteranos a los textos paulinos permiten, salvada su unilateralidad, una interpretación ortodoxa. La actitud del hombre ante el don de la fe es la de quien se abre a ella, para dejar que solo ella actúe. La fe es un regalo de Dios que obra la justificación del cristiano y exige un total abandono en el poder justificador de Dios. La justificación acontece sin las obras de la Ley: tan solo por la fe en Jesucristo. Por eso escribe Joseph Lortz (1887-1975): «Lutero fue un hombre extraordinariamente religioso, un verdadero *homo religiosus*»[1]. Sin embargo, estaba también un tanto aislado en este afán: sentía una absoluta necesidad de asegurar su propia salvación, frente a la teología ockhamista en la que se había formado, defensora de un voluntarismo arbitrario por parte de Dios. Además, «el tema "justificación" –escribe Gómez Heras– condensa la quintaesencia de la concepción protestante de Dios y del hombre»[2]. Va a ser el *articulus stantis et cadentis Ecclesiae* y el «rector y juez de todas las demás doctrinas cristianas», el principio interpretativo de toda la doctrina cristiana. En estas líneas veremos los precedentes del documento de 1999, el contenido, los desarrollos y las perspectivas.

[1] J. Lortz, *Historia de la Iglesia en la perspectiva de la historia del pensamiento,* II: *Edad moderna y contemporánea*, Ediciones Cristiandad, Madrid 1965, 146.

[2] J. M. G. Gómez-Heras, *Teología protestante. Sistema e historia,* BAC, Madrid 1972, 48.

## Antecedentes

Han pasado ya cinco siglos que nos permiten observar con más distancia y objetividad los aciertos y carencias de esta crítica doctrinal. El tiempo ha jugado a favor de historiadores y teólogos, y ahora es posible un diálogo mucho más sereno, quizá sin los apasionamientos y las controversias de los primeros momentos. En efecto, permite leer tanto los textos luteranos como el decreto tridentino sobre la justificación con más tranquilidad y clarividencia. Recapitulemos ahora, por tanto, y veamos la situación del diálogo teológico interconfesional. Las conversaciones con los luteranos tras el concilio Vaticano II tienen una larga historia, pues ya en 1967 fue creada en Zúrich la Comisión mixta entre la Iglesia católica y la Federación luterana mundial. Según indica Jutta Burggraf (1952-2010), «puede decirse que se ha avanzado más en el periodo posconciliar del Vaticano II, que en los 450 años precedentes». El trabajo ha sido largo pero ha obtenido sus frutos, y pueden ser establecidas las siguientes fases en lo que se refiere a la doctrina sobre la justificación[3]:

a. En la primera fase (1967-1972) encontramos el *Documento de Malta. El Evangelio y la Igle-*

[3] Sobre la situación previa a este documento, puede verse: A. González Montes, *Justificados en Jesucristo. La Justificación en el diálogo ecuménico actual*, UPSA, Salamanca 1989. Además, seguiremos la exposición que realiza J. Burggraf en «La declaración conjunta católico-luterana de 1999 acerca de la justificación», *Anuario de historia de la Iglesia* 9 (2000) 511-519.

*sia* (1972), en el que se reconoce la justificación como el núcleo teológico sobre el que se debe dialogar. Aquí se aprecia ya un «amplio acuerdo» entre los teólogos de ambas confesiones sobre la *vexata quaestio.* Como indica Enrique Benavent, la doctrina de la justificación no es solo el *articulus stantis et cadentis Ecclesiae,* sino que constituye el criterio inicial para acometer la reforma de la Iglesia y una llamada permanente para que no olvide su propia misión: la justificación y santificación de todos los hombres y mujeres en la Iglesia[4].

b. En una segunda fase (1972-1985) aparecen distintos documentos sobre cuestiones particulares y derivadas de este gran principio hermenéutico que atañe a toda la fe: *La cena del Señor* (1978), *Caminos hacia la comunión* (1980), *El ministerio espiritual en la Iglesia* (1981), *Martín Lutero, testigo de Jesucristo* (1983) y *Ante la unidad* (1984). También figuran algunos documentos elaborados por grupos nacionales, como uno sobre la justificación redactado en Estados Unidos (1985) y otro en Alemania sobre las mutuas condenas (1986). Quedaban pues pendientes las grandes cuestiones sobre el ministerio, la autoridad y la Iglesia.

[4] Cf E. BENAVENT VIDAL, «Actualidad de la doctrina de la justificación», *Anales valentinos* 23 (1997/45) 8.

c. La tercera fase (1986-1993) culminó con el texto titulado *Iglesia y justificación* (1993), en el que se constata que no existe un acuerdo sobre el concepto de «sacramentalidad» de la Iglesia, es decir, como receptora y mediadora de la salvación. Iglesia y justificación son dos realidades igualmente originarias en el misterio cristiano. En las cuestiones eclesiológicas nos encontramos todavía en posiciones lejanas. Quedaba sin embargo también clara la cuestión de la prioridad del Evangelio sobre la Iglesia, que presenta la proclamación de la Palabra como una de sus más importantes misiones.
d. En la cuarta fase (1993-1996) fue elaborado el proyecto de acuerdo sobre la doctrina de la justificación, en el que existe una concordancia general, pero con una diferencia de acentos: la justificación viene solamente por la gracia, pero su recepción permite las buenas obras, tal como expuso el *Decreto sobre la justificación* de Trento al analizar las relaciones entre gracia y libertad (cf DS 1521-1526).
e. La quinta fase (1996-1999) va a suponer un intenso *sprint* final. En 1997 aparecen los *Würzurger Text* I y II, que fue aprobado por las autoridades luteranas al año siguiente. En enero de ese año 160, algunos teólogos luteranos amonestaron a los líderes de sus propias

Iglesias para que se distanciaran del texto[5]. Para la correcta comprensión del texto en toda su amplitud y profundidad, la respuesta católica apareció el 25 de junio de 1998 y abrió la vía a ulteriores consensos.

## Contenido

El acuerdo fue firmado en 1999 en Augsburgo, en la luterana iglesia de Santa Ana, por la Iglesia católica y la Federación luterana mundial. Más adelante, en 2006, el Consejo metodista mundial se adhiere a la *Declaración conjunta,* mientras el 5 de julio de 2017 fue suscrito por los reformados de origen suizo (zwinglianos y calvinistas o presbiterianos) y por los anglicanos, tras ser aprobado en el *Anglican Consultative Council* celebrado en Lusaka (Zambia) del 8 al 16 de abril de 2016. Así, aquel 31 de octubre (día de la Reforma, en el que supuestamente Lutero colgó las 95 tesis) fue la fecha elegida para firmar la *Declaración conjunta* entre católicos y luteranos sobre la doctrina de la justificación de 1999. A pesar de las polémicas suscitadas por algunos teólogos protestantes en un primer momento, hoy día es un texto pacíficamente aceptado[6]. Nos encontramos, pues, por vez primera en el diálogo luterano-católico,

---

[5] Tal vez el caso más conocido es el de E. JÜNGEL, *El evangelio de la justificación del impío,* Sígueme, Salamanca 2004.

[6] A. MAFFEIS, «La dottrina della giustificazione da K. Barth a oggi», en G. ANCONA (ed.), *La giusticazione,* Messaggero, Padua 1997, 113-194

con un documento aprobado por la autoridad de la Iglesia católica y la de la Federación luterana mundial, preparado a su vez por la citada Comisión mixta oficial luterano-católica. Como afirma Villar, «el objetivo de la *Declaración conjunta* es presentar *hoy* la doctrina de la justificación, a la luz de la *profundización* en las últimas décadas», para llegar así a «verdades fundamentales» *(Grundwahrheiten)* sin incurrir de nuevo en recíprocas condenas[7].

Así, por ejemplo, como un posible *common ground* para ambas confesiones, el aparato bíblico de nuestro texto se presenta cuidado (cf nn. 8-12). Por tanto, esta *Declaración conjunta* de 1999 supone una importancia difícil de exagerar, pues fue la primera vez, desde que Lutero rompió con la Iglesia romana hace ya cinco siglos, que entre las distintas comunidades protestantes y la Iglesia católica se llegaba oficialmente a un acuerdo en materia doctrinal sobre la cuestión central del protestantismo. Era tan solo un comienzo que puede presagiar un buen fin. Se comprende que, para el acto de la firma, se haya elegido una ciudad –Augsburgo– que tanto significado tiene en la historia de la Reforma protestante: allí fue rubricada en 1530 la célebre *Confesión* inspirada por Philip Melanchthon (1497-1560), que siempre ha sido entendida en el seno de la teología reformada como un acercamiento a las posiciones católicas. Además, tras la *Confessio augustana,*

[7] J. R. Villar, «La declaración común luterano-católica sobre la doctrina de la justificación», *Scripta theologica* 32 (2000/1) 108.

reconocida también por los componentes de la Liga de Esmalcalda, fue elevada en la Paz de Augsburgo, en 1555, como base de derecho público por parte de las Iglesias luteranas[8].

La *Declaración conjunta* no pretendió añadir nada al trabajo realizado en los años anteriores, sino presentar una síntesis para que fuera analizada por las autoridades luteranas y católicas. Parte de una «hermenéutica de la confianza» –en palabras de Maffeis– que presenta la propia fe a la aprobación de la otra confesión cristiana. Los desarrollos exegéticos y teológicos permiten formular ahora de modo equilibrado y no polémico la doctrina de la justificación[9]. La doctrina de la justificación (es decir, de cómo el hombre pecador puede salvarse) fue una cuestión central en la discusión de Lutero con la autoridad de la Iglesia, de modo que las diversas interpretaciones fueron objeto de condenas recíprocas, tanto por parte del concilio de Trento como de los propios luteranos hacia los católicos.

Según los protestantes, Dios declara justo al pecador aunque no lo sea de verdad, siguiendo la doctrina del *simul iustus et peccator,* pues no es posible una transformación interior del hombre dañado radicalmente por el pecado. Lutero, perseguido por el temor de la eterna condena, necesitaba creer que Dios lo consideraba justo

---

[8] Cf J. Burggraf, «La declaración conjunta católico-luterana de 1999 acerca de la justificación», 511, n. 1.

[9] A. Maffeis, «Dichiarazione congiunta sulla dottrina della giustificazione», en *Dossier sulla giustificazione. La dichiarazione congiunta cattolico-lutterana, commento e dibattito teologico,* Queriniana, Brescia 2000, 23-56.

aunque fuera pecador. Por el contrario, según Trento, la gracia no solo cubre los pecados, sino que transforma realmente al hombre de pecador en justo, al cooperar la voluntad humana que acepta la gracia. Lo que permanece no es el pecado sino la concupiscencia o *fomes peccati,* que es una tendencia al pecado. Sin embargo ahora la disputa sobre el modo de justificación ha sido superada al buscar el núcleo de una verdad compartida por católicos y luteranos:

> Confesamos juntos que no en razón a nuestros méritos, sino *solo* por medio de la gracia y en la fe en la obra salvadora de Cristo, somos aceptados por Dios y recibimos el Espíritu Santo, el cual renueva nuestros corazones, nos capacita y nos llama a cumplir *buenas obras [guten Werken]* (n. 15).

«Juntos confesamos» significa la afirmación de una fe común, dejando espacio para una interpretación complementaria y no contradictoria con la otra, que constituye una explicación legítima de la misma fe. La justificación tiene lugar, por tanto, por medio de la gracia en la fe, pero «dicha fe es activa en el amor y, entonces, el cristiano no puede ni debe quedarse sin obras» (n. 25). El acuerdo no se propone hacer un juicio histórico sobre los problemas de la fe tal como se dieron ayer, sino buscar la común confesión hoy día. En la perspectiva católica, lo que estos documentos dicen es que a los luteranos que hoy confiesan la doctrina de la justificación, tal y como se presentan en estos textos, no les alcanzan las condenas del Trento, pues no profesan –por decirlo con la palabra clásica– la herejía condenada. El acuerdo de Augsburgo viene a decirnos que confiesan una doctrina en la que hay acuerdo entre católicos y luteranos, y es –en este sentido– «doctrina católica». En el documento se reconoce claramente por parte luterana que la donación de la gracia justificante puede ser rechazada por el pecador, lo cual es una forma clara, al menos implícita, de decir que la posición del hombre ante Dios no es «meramente pasiva» (cf n. 21)[10].

El entonces cardenal Ratzinger afirmó que con el acuerdo «se ha alcanzado un consenso sobre verdades fundamentales para la doctrina de la justificación, pero han quedado otros problemas sin resolver». La cuestión se vuelve más real –añadía– si tomamos en consideración la presencia de la Iglesia en el proceso de justificación y la necesidad del sacramento de la penitencia: «Aquí aparecen las verdaderas divergencias», concluía. Con todo, este acuerdo sobre el tema de la justificación, raíz y artículo fundamental de la disidencia luterana, lleva a los protestantes a situar este tema en el eje de la «jerarquía de verdades» que condiciona el modo de concebir la Iglesia, los sacramentos y toda la doctrina de fe, y puede llevar a revisar en consecuencia

[10] Cf J. R. Villar, «La declaración común luterano-católica sobre la doctrina de la justificación», 107ss.

sus antiguas posiciones. Hay matices y explicaciones, como por ejemplo las del tradicional término católico *«cooperatio gratiae»,* entendido como un fruto de la gracia y no como una acción que dimana de una innata capacidad humana *[kein Tun des Menschen aus eigenen Kräften]* (n. 20). Por otra parte, el *mere passive* luterano es entendido aquí como «plena participación personal en la fe *[sein volles personales Beteiligstein im Glauben]*» (n. 21).

Como consecuencia, la «acción de la gracia de Dios no excluye la acción humana», concluye el anexo del texto que contiene los comentarios a la declaración publicados por la Congregación para la Doctrina de la Fe (n. 2, C). La justificación solo puede venir *durch Glauben und aus Gnade,* por medio de la fe y de la gracia; pero a su vez ha de tener en cuenta «la fe que obra por la caridad» (Gál 5,6). La justificación por la que Dios confiere el don de una nueva vida en Cristo es perdón de los pecados y santificación (cf Rom 5,1 y 1Jn 3,1), en la que Dios nos regala «una vida nueva en Cristo» (n. 22). Somos verdadera e internamente renovados por la acción del Espíritu Santo y siempre seguiremos dependiendo de su acción en nosotros: «Si alguien es en Cristo, ese ya es nueva criatura, lo antiguo ha pasado» (2Cor 5,17). Los pecados son realmente borrados y sustituidos por la gracia; la naturaleza está herida y no corrompida. Los justificados dejan de ser, en este sentido, pecadores. Pero también es cierto que nos engañamos si decimos que no tenemos pecado (cf

1Jn 1,8-10; Jn 1,28). «Fallamos en muchas cosas», dice Santiago 3,2. De ahí la continua oración pidiendo perdón por nuestros pecados y ayuda para vivir en Cristo en plenitud. Por eso, luteranos y católicos, a pesar de nuestras diferencias sobre el tema, podemos comprender juntos en este sentido al cristiano como *simul iustus et peccator:* somos pecadores pero no estamos ni corrompidos ni empecatados de modo irremisible (cf nn. 28-30; anexo n. 2).

Sin embargo, no se acaba de ver cómo compatibilizar la explicación luterana del *simul justus et peccator* del n. 29 con la doctrina católica del anexo, n. 30. En esta, el bautismo borra todo pecado y queda tan solo la concupiscencia, mientras que para los luteranos esta ya sería verdadero pecado. Asimismo, la expresión «oposición a Dios» *[Gottwidrigkeit],* usada en los nn. 28-30, resulta ambigua, pues católicos y luteranos la utilizan de manera diversa. Por tanto, el anexo pregunta si la doctrina del *simul justus et peccator* así presentada no sigue cayendo bajo las condenas de Trento, por lo que requeriría ulteriores profundizaciones. Respecto a la nociones de «concupiscencia» y «pecado», dice allí:

> El concepto de «concupiscencia» *[Konkupiszenz]* es usado por católicos y luteranos con sentidos diferentes. En los escritos confesionales luteranos la concupiscencia es entendida como el apetito *[Begehren]* del hombre, mediante el cual el hombre se busca a sí mismo, y que a la luz de la Ley –espiritualmente

entendida– es visto como pecado. En la comprensión católica, la concupiscencia es una inclinación que permanece en los hombres aún después del bautismo, que proviene del pecado y conduce a él. A pesar de las diferencias aquí incluidas, desde la perspectiva luterana se puede reconocer que el deseo *[Begierde]* puede convertirse en la puerta de entrada *[Einfallstor]* por la que el pecado ataca. Debido al poder del pecado, todo hombre lleva en sí la tendencia de oponerse a Dios. Esta tendencia, de acuerdo con las concepciones católica y luterana, «no se corresponde al designio inicial de Dios sobre el hombre» (n. 30).

El pecado tiene un carácter personal y lleva en cuanto tal a la separación de Dios: es «el deseo egoísta del hombre viejo y la falta de confianza y de amor a Dios» (anexo, 2, B). La antinomia luterana entre Ley y Evangelio es abordada también por nuestro documento (nn. 31-33). Según los protestantes, la afirmación del segundo no implica la negación de los mandamientos, pues estos expresan la voluntad de Dios. La distinción entre Ley y Evangelio significa que el pecador, «mediante la fe en el Evangelio, ha de volverse sin reservas a la misericordia de Dios en Cristo, que es la única que le justifica» (n. 32). A su vez, «cuando los católicos acentúan que el justo está obligado a observar los mandamientos de Dios, no por ello niegan que –mediante Jesucristo– Dios ha prometido misericordiosamente a sus hijos la gracia de la vida eterna» (n.

33). Por otro lado, en cuanto a la conocida *questio disputata* sobre si el cristiano puede tener la certeza de su propia salvación, la declaración afirma que el creyente puede confiar en la promesa divina (cf nn. 34-36).

> Los católicos pueden compartir la intención de los reformadores de fundamentar la fe en la realidad objetiva de la promesa de Cristo, prescindiendo de la propia experiencia y confiando solo en la palabra de perdón de Cristo (cf Mt 16,19; 18,18) (n. 36).

En lo que se refiere a las buenas obras del justificado, sostiene el texto consensuado que los católicos no niegan con la palabra «mérito» que la justificación sea un don gratuito; y los luteranos reconocen un crecimiento en la gracia y en la fe por parte del justificado (cf nn. 37-39). Por lo tanto, concluye, «juntos confesamos que las buenas obras –una vida cristiana en fe, esperanza y amor–, siguen a la justificación y son frutos de ella» (n. 37). Las buenas obras son siempre fruto de la gracia, pues las precede; pero, sin disminuir la iniciativa divina, la doctrina católica sostiene que son también fruto del hombre justificado y transformado interiormente por la gracia divina por medio de la inhabitación trinitaria. La vida eterna es toda ella gracia, pero también requiere una respuesta libre a esta, que se expresa en las buenas obras practicadas por la caridad (cf anexo 2, D).

## Perspectivas

El acuerdo de la justificación tiene por ello la posibilidad de abrir el camino en las relaciones católico-luteranas, para abordar otras cuestiones que, sin esta premisa, estarían en el aire. Es el mismo documento el que lo subraya en el n. 43, ya casi al final:

> Quedan pendientes *cuestiones* de importancia que requieren ulterior aclaración, entre ellas: la relación entre la palabra de Dios y la doctrina de la Iglesia, la eclesiología, la autoridad de la Iglesia, el ministerio, los sacramentos y la relación entre justificación y ética social. Estamos convencidos de que el consenso que hemos alcanzado sienta sólidas bases para esta ulterior aclaración.

El diálogo debe pues continuar en torno a estas materias. En este sentido, además del documento común *Del conflicto a la comunión* (2013)[11], aunque se trate de un documento de diálogo local, la *Declaración en camino sobre Iglesia, ministerio y Eucaristía* de 2015[12], suscrita por la Conferencia episcopal estadou-

[11] *Del conflicto a la comunión. Conmemoración conjunta Luterano-Católico Romana de la Reforma en el 2017. Informe de la Comisión Luterano-Católico Romana sobre la Unidad,* Sal Terrae, Santander 2013.

[12] Bishops Comitee for Ecumenical and Interreligious Affairs-Evangelical Lutheran Church in America, *Declaration on the Way: Church, Ministry and Eucharist,* United States Conference of Catholic Bishops, Washington DC 2015: disponible en: http://www.usccb.org/beliefs-and-teachings/ecumenical-and-interreligious/ecumenical/lutheran/upload/Declaration_on_the_Way-for-Website.pdf [consulta 9 de enero de 2016].

nidense y la Iglesia evangélico-luterana de América (y que recoge los frutos alcanzados durante cincuenta años en diálogos locales y oficiales), supone un hito para preparar el quinto centenario de la ruptura de Lutero con Roma. En el prólogo de esta *Declaración,* el texto nos recuerda que «es bueno volver a recorrer el camino que hemos hecho juntos y mencionar los puntos de convergencia que juntos hemos alcanzado», a la vez que «enumera los temas que tradicionalmente dividen a luteranos y católicos en lo que se refiere a la Iglesia, el ministerio y la Eucaristía». Así como en 1999 fue firmada una *Declaración conjunta sobre la doctrina de la justificación,* urge pues ahora un documento común sobre estos tres grandes temas de tanta relevancia para el ecumenismo y la vida de la Iglesia. En esta misma línea se está también trabajando en el ámbito escandinavo, especialmente en Suecia y en Finlandia[13].

Así, como perspectivas pendientes, quedan en el aire preguntas como la dimensión visible de la Iglesia, el ministerio, la confesión y los sacramentos. Como afirmaba Burggraf, «es una meta intermedia que constituye, a su vez, una base segura para continuar en la investigación teológica ecuménica y para afrontar las dificultades que todavía existen, con una esperanza más fundada de que puedan ser resueltas en el futuro». En efecto, el 31 de octubre de 1999, católicos y luteranos firmaron un

[13] LUTHERAN-CATHOLIC DIALOGUE COMMISSION FOR SWEDEN AND FINLAND, *Justification in the life of the Church,* Uppsala-Estocolmo-Helsinki 2010; LUTHERAN-CATHOLIC DIALOGUE COMMISSION FOR FINLAND, *Communion in Growth. Declaration on Church, Eucharist, and Ministry,* Grano, Helsinki 2017.

documento para poner punto final a un enfrentamiento doctrinal que se había iniciado 482 años antes, cuando Lutero publicó sus famosas 95 tesis en la puerta de la iglesia palatina de Wittemberg. La doctrina de la justificación –no lo olvidemos– constituye el tema teológico fundamental que está en la raíz de aquel enfrentamiento del reformador alemán con la autoridad de la Iglesia[14].

Años después, en 2011, en la visita al convento de los agustinos donde Martín Lutero permaneció desde 1505 a 1511, Benedicto XVI ya como obispo de Roma recordó que «lo que le quitaba la paz [a Lutero] era la cuestión de Dios, que fue la pasión profunda y el centro de su vida y de su camino». Tras haber hecho una referencia al profundo interés del reformador por el misterio del mal, del pecado y de la necesidad de un Dios misericordioso, el Papa alemán se refirió al núcleo del problema: «No, el mal no es una nimiedad. No sería tan poderoso si nosotros pusiéramos a Dios realmente en el centro de nuestra vida», por lo que eran requeridos «la vivencia y el testimonio de la verdad de la fe»[15]. Benedicto XVI afirmaba en 2011 en el men-

---

[14] Cf J. Burggraf, «La declaración conjunta católico-luterana de 1999 acerca de la justificación», 517-518. Demos sin embargo algún nombre propio. Este acuerdo fue firmado en efecto por el cardenal Edward Cassidy (n. 1924) y Christian Krause (n. 1940), entonces presidente de la Federación luterana mundial. Como anécdota podemos añadir que este documento fue «desbloqueado» en el previo mes de noviembre por el entonces cardenal Joseph Ratzinger (n. 1927), el obispo luterano Johannes Hanselmann (1927-1999) y los teólogos Joachim Track (n. 1940) y Heinz Schütte (1923-2007), quienes se encerraron en un hotel de Ratisbona hasta llegar a una fórmula aceptable para ambas confesiones.

[15] *Discurso en el encuentro ecuménico con luteranos,* Erfurt, 23 de septiembre de 2011.

cionado texto leído en el país donde nació la Reforma protestante unas palabras que nos pueden servir de orientación sobre un ulterior estudio teológico que de verdad suscite el diálogo ecuménico:

> Pienso que de este modo el problema eclesiológico, así como el del ministerio, no se afrontan de modo correcto. La cuestión verdadera es la *presencia de la Palabra en el mundo.* La Iglesia primitiva, en el siglo II, tomó tres decisiones: en primer lugar establecer el canon, subrayando así la soberanía de la Palabra y explicando que no solo el Antiguo Testamento es *hai grafai,* sino que, juntamente con él, el Nuevo Testamento constituye una sola Escritura y de este modo es para nosotros nuestro verdadero soberano.
>
> Pero, al mismo tiempo, la Iglesia formuló la sucesión apostólica, el ministerio episcopal, consciente de que la Palabra y el testigo van juntos, es decir, que la Palabra está viva y presente solo gracias al testigo y, por decirlo así, recibe de él su interpretación, y que recíprocamente el testigo solo es tal si da testimonio de la Palabra. Y, por último, la Iglesia añadió un tercer elemento: la *regula fidei,* como clave de interpretación.
>
> Pienso que esta compenetración mutua es objeto de divergencias entre nosotros, aunque nos unen cosas fundamentales. Por tanto, cuando hablamos de eclesiología y de ministerio, deberíamos hablar preferentemente de este *entrelazamiento entre Palabra, testigo*

> *y regla de fe,* y considerarlo como cuestión eclesiológica, y por eso, a la vez, también como cuestión de la palabra de Dios, de su soberanía y de su humildad, puesto que el Señor confía su Palabra a los testigos y les encomienda su interpretación, pero estos deben regirse siempre por la *regula fidei* y por la seriedad de la Palabra.
>
> Perdonadme que haya expresado aquí una opinión personal, pero me parecía oportuno hacerlo. También *las grandes cuestiones éticas* que plantea nuestro tiempo constituyen una prioridad urgente en el diálogo ecuménico; en este campo, los hombres de hoy en búsqueda esperan con razón una respuesta común de los cristianos, que, gracias a Dios, en muchos casos casi se ha encontrado.

En esta misma línea, añadía el papa Francisco el 31 de octubre de 2016, en la histórica visita a la catedral de Lund, en Suecia, con motivo del inicio de los quinientos años de la Reforma inaugurada por Lutero:

> La experiencia espiritual de Martín Lutero nos interpela y nos recuerda que no podemos hacer nada sin Dios. «¿Cómo puedo tener un Dios misericordioso?». Esta es la pregunta que perseguía constantemente a Lutero. En efecto, la cuestión de la justa relación con Dios es la cuestión decisiva de la vida. Como se sabe, Lutero encontró a ese Dios misericordioso en la Buena Nueva de Jesucristo encarnado,

> muerto y resucitado. Con el concepto de «solo por la gracia divina», se nos recuerda que Dios tiene siempre la iniciativa y que precede cualquier respuesta humana, al mismo tiempo que busca suscitar esa respuesta. La doctrina de la justificación, por tanto, expresa la esencia de la existencia humana delante de Dios.
>
> Jesús intercede por nosotros como mediador ante el Padre, y le pide por la unidad de sus discípulos «para que el mundo crea» (Jn 17,21). Esto es lo que nos conforta, y nos mueve a unirnos a Jesús para pedirlo con insistencia: «Danos el don de la unidad para que el mundo crea en el poder de tu misericordia». Este es el testimonio que el mundo está esperando de nosotros. Los cristianos seremos testimonio creíble de la misericordia en la medida en que el perdón, la renovación y la reconciliación sean una experiencia cotidiana entre nosotros. Juntos podemos anunciar y manifestar de manera concreta y con alegría la misericordia de Dios, defendiendo y sirviendo a la dignidad de cada persona. Sin este servicio al mundo y en el mundo, la fe cristiana es incompleta[16].

También en un encuentro el 18 de diciembre de 2014 en la Iglesia evangélica luterana alemana de Roma, el papa Francisco recordaba que a pesar de las diferencias teológicas que persisten en diversas cuestiones de fe, la colaboración y la convivencia fraterna caracterizan

[16] *Homilía en el encuentro ecuménico,* catedral de Lund, 31 de octubre de 2016.

la vida de las Comunidades eclesiales, comprometidas en un camino ecuménico común y concretadas en textos conjuntos como la *Declaración conjunta sobre la doctrina de la justificación,* firmada oficialmente hace más de veinte años en Augsburgo: «Son –dijo el obispo de Roma– piedras angulares, que permiten seguir con confianza el camino emprendido». Y aunque el objetivo común de la plena y visible unidad a veces parezca alejarse a causa de diferentes interpretaciones sobre lo que es la Iglesia y su unidad, es necesario no ceder a la resignación sino concentrarse en el próximo paso posible que debemos dar juntos:

> No olvidemos –subrayó el obispo de Roma– que recorremos juntos el camino de la amistad, del respeto mutuo y de la investigación teológica; un camino que nos hace mirar con esperanza al futuro. Por eso el pasado 21 de noviembre las campanas de todas las catedrales de Alemania tocaron para invitar a todos los hermanos cristianos a un servicio litúrgico común por el quincuagésimo aniversario de la promulgación del Decreto *Unitatis redintegratio* del Vaticano II.

Con motivo del quinto centenario de aquel 31 de octubre de 1517, algunas Comunidades luteranas han pedido la «hospitalidad eucarística» con la Iglesia católica; es decir, poder recibir la comunión eucarística en una celebración católica. Queda sin embargo un largo camino por recorrer, como hemos estado viendo.

Junto con el luterano Harding Meyer (n. 1928), el cardenal suizo Kurt Koch (n. 1950), actual presidente del Consejo para la unidad de los cristianos, animó a dar «nuevos pasos hacia la unidad», pues una «nueva Declaración común sobre la Iglesia, la Eucaristía y el ministerio» constituirá «un paso decisivo en el camino hacia la comunión plena de las Iglesias». Mientras el diálogo oficial católico-luterano sobre estos tres temas ha dado abundantes frutos en los años posteriores al Vaticano II, los teólogos de ambas confesiones profundizan en las respectivas doctrinas sin llegar a un pleno acuerdo en todos y cada uno de los puntos:

> Muchos miembros de nuestras comunidades anhelan recibir la Eucaristía en una mesa –recordaba el papa Francisco el anterior otoño en Lund–, como expresión concreta de la unidad plena. Sentimos el dolor de los que comparten su vida entera, pero no pueden compartir la presencia redentora de Dios en la mesa de la Eucaristía. Reconocemos nuestra conjunta responsabilidad pastoral para responder al hambre y sed espiritual de nuestro pueblo con el fin de ser uno en Cristo. Anhelamos que sea sanada esta herida en el cuerpo de Cristo. Este es el propósito de nuestros esfuerzos ecuménicos, que deseamos que progresen, también con la renovación de nuestro compromiso en el diálogo teológico[17].

[17] *Ibid.*

Es, por tanto, un «ya pero todavía no» que mueve al trabajo, la oración y el diálogo teológico que deben continuar. En efecto, para algunos cristianos, la mediación sigue resultando algo problemático: afirman por ejemplo que no todos creen que se deba reconocer al obispo que representa a Cristo, o que no es necesario un profundo consenso en estos puntos doctrinales para llegar a la mutua comunión eucarística. La Iglesia católica insiste (con las Iglesias ortodoxas) en la previa *comunión en la fe* para poder acceder a la comunión eucarística. Además, los protestantes deben considerar las importantes diferencias con la noción de «sacramento», tan importante en la teología. Los sacramentos fueron considerados por los padres de la Iglesia como huellas de la encarnación del Verbo y como una continuación de la acción salvífica de Cristo: lejos de este «pensar sacramental», algunos teólogos luteranos afirman que no llegará la modernidad hasta que el ecumenismo deje de hablar de categorías tales como «Iglesia», «ministerio» y «sacramento». Siguen existiendo pues aquí grandes diferencias con las concepciones católica y ortodoxa[18].

Este trecho del camino debe, por tanto, ser también recorrido después del logro histórico obtenido por la *Declaración conjunta sobre la doctrina de la justificación.* Es un motivo de acción de gracias a Dios. Estamos pues

[18] Referido a un caso particular y, sin poder generalizarlo a toda su teología, puede verse: I. U. Dalferth, *Auf den Weg der Ökumene. Die Gemeinschaft evangelischer und anglicanischer Kirchen nach der Meißener Erklärung,* Evangelische Verlagsanstalt, Leipzig 2002, 257.

en la pista que nos dirige hacia el futuro: necesitamos todavía una *Declaración conjunta sobre Eucaristía, ministerio y eclesiología,* que traerá seguramente interesantes consecuencias en el ámbito ecuménico. No hemos de olvidar sin embargo tampoco las cuestiones morales (bioética, doctrina social, medio ambiente), donde no siempre existe un consenso absoluto. Además, tal vez podría ser interesante para alcanzar ulteriores consensos la sugerencia benedictina de la previa comprensión del principio protestante de la *sola Scriptura,* según el moto igualmente luterano *sola Scriptura numquam sola* (es decir, de la cuestión hermenéutica). Es el verdadero punto de partida de toda la comprensión e interpretación realizada por nuestros hermanos protestantes. Confiemos en que la acción del Espíritu ilumine estos intentos y podamos acercarnos más y más a la meta propuesta por nuestro Señor: «que todos sean uno» (Jn 17,21).

TERCERA PARTE

# Los últimos papas

1

# Juan Pablo II*

Fue la primera encíclica sobre el ecumenismo en la historia de la Iglesia, de la que celebramos en 2020 su XXV aniversario. En la encíclica *Ut unum sint,* Juan Pablo II señalaba la centralidad de la tarea ecuménica con estas palabras: «El movimiento a favor de la unidad de los cristianos, no es un mero "apéndice" que se añade a la actividad tradicional de la Iglesia. Al contrario, pertenece orgánicamente a su vida y a su acción» (n. 20). Como su antecesor, Benedicto XVI quiso también recordar la importancia de esta dimensión esencial de la vida de la Iglesia:

> Renuevo [...] mi firme voluntad, manifestada al principio de mi pontificado, de asumir como compromiso prioritario el trabajar, sin ahorrar energías, en *el restablecimiento de la unidad plena y visible* de todos los seguidores de Cristo[1].

---

* Publicado como «La encíclica *Ut unum sint* en sus 25 años», *Pastoral ecuménica* 38/109 (2020) 55-70.

[1] Benedicto XVI, *Discurso a la Comisión preparatoria de la III Asamblea Ecuménica Europea,* 26 de enero de 2006.

La misión de la Iglesia es edificar la unidad de fe y de comunión entre todos los hombres y mujeres que forman parte de ella. El papa Francisco no ha hecho más que intensificar el paso en esta misma dirección. En la presente sociedad multicultural e interreligiosa, constituye una de las prioridades de todo cristiano el recuperar la unidad perdida en la Iglesia de Cristo, si bien esta «subsiste en» la Iglesia católica (cf *Lumen gentium*, 8).

> No se debe olvidar –recordaba Juan Pablo II– que el Señor pidió al Padre la unidad de sus discípulos, para que esta fuera testimonio de su misión (n. 23).

La división contradice la voluntad de Cristo y constituye una seria dificultad para la evangelización del «mundo entero» (Mc 16,15). En concreto, «la falta de unidad entre los cristianos es ciertamente una *herida* para la Iglesia, no en el sentido de quedar privada de su unidad, sino en cuanto obstáculo para la realización plena de su universalidad en la historia». La encíclica sobre el ecumenismo *Ut unum sint* vendría a ser una lectura actualizada del concilio Vaticano II *Unitatis redintegratio* en los umbrales del tercer milenio[2].

---

[2] Congregación para la Doctrina de la Fe, *Dominus Iesus*, 6 de agosto de 2000, n. 17.

## Principios

En estas líneas, recorreremos el texto de la encíclica de Juan Pablo II *Ut unum sint* (1995), para ver la perfecta continuidad con el decreto conciliar *Unitatis redintegratio* (1964). Seguimos pues los títulos de los diferentes capítulos de este. Como se sabe, el Concilio no quiso hablar de un «ecumenismo católico», sino de unos «principios católicos del ecumenismo»:

> Al indicar los principios católicos del ecumenismo –escribía Juan Pablo II–, el decreto *Unitatis redintegratio* enlaza ante todo con la enseñanza sobre la Iglesia de la constitución *Lumen gentium,* en el capítulo que trata sobre el pueblo de Dios. Al mismo tiempo, tiene presente lo que se afirma en la declaración conciliar *Dignitatis humanae* sobre la libertad religiosa (n. 8).

Establecidas estas premisas eclesiológicas y antropológicas, procede a recordar los principales principios católicos. Como punto de partida estaba la «unidad y unicidad de la Iglesia de Cristo», junto con el origen sobrenatural de la Iglesia. El fundador y el fundamento son divinos, por lo que la Iglesia no es una mera agrupación humana con una dimensión meramente horizontal. Los vínculos que unen a unos cristianos con otros son también sobrenaturales:

En efecto –dice en el número 9–, la unidad dada por el Espíritu Santo no consiste simplemente en el encontrarse juntas unas personas que se suman unas a otras. Es una unidad constituida por los vínculos de la profesión de la fe, de los sacramentos y de la comunión jerárquica. Los fieles son uno porque, en el Espíritu, están en la comunión del Hijo y, en él, en su comunión con el Padre: «Y nosotros estamos en comunión con el Padre y con su Hijo, Jesucristo» (1Jn 1,3) (n. 9).

## El alma del ecumenismo

El capítulo segundo de la *Unitatis redintegratio* versa sobre la dimensión práctica del ecumenismo. Allí habla de un ecumenismo «institucional» (n. 6), un ecumenismo «espiritual» (nn. 7-8) y un ecumenismo «teológico» (nn. 9-11), de los que surge una «colaboración ecuménica» (n. 12). Son los mencionados ecumenismos «de la cabeza, del corazón y de las manos», complementarios entre sí e igualmente necesarios. Como condición previa, ha de darse una *renovación de la Iglesia* en cuanto institución también terrena y humana. Pero no se trata sin más de una purificación de la memoria colectiva, sino de una reforma interior de cada cristiano: de una verdadera *conversión personal,* seguía diciendo Juan Pablo II:

> El Espíritu los invita a un serio examen de conciencia –continúa más adelante–. La Iglesia católica debe entrar en lo que se podría llamar «diálogo de conversión», en donde tiene su fundamento interior el diálogo ecuménico. En ese diálogo, que se realiza ante Dios, cada uno debe reconocer las propias faltas, confesar sus culpas y ponerse de nuevo en las manos de Aquel que es el Intercesor ante el Padre, Jesucristo (n. 82).

La centralidad de la conversión auspiciada por el Vaticano II es recordada de modo insistente en la primera encíclica sobre el ecumenismo. «Esto se refiere, de modo particular, al proceso iniciado por el concilio Vaticano II, incluyendo en la renovación la tarea ecuménica de unir a los cristianos divididos entre sí». «No hay verdadero ecumenismo sin conversión interior» (n. 15), concluye citando el n. 7 de la *Unitatis redintegratio*. De allí surgirá una reconciliación institucional, no al revés. «El "diálogo de conversión" de cada comunidad con el Padre, sin indulgencias consigo misma, es el fundamento de unas relaciones fraternas diferentes de un mero entendimiento cordial o de una convivencia solo exterior» (n. 82).

La reconciliación con Dios puede llevar a la reconciliación con los demás. El Concilio llama así tanto a la conversión personal como comunitaria. «Cada uno debe pues convertirse más radicalmente al Evangelio y, sin perder nunca de vista el designio de Dios, debe cambiar su mirada» (n. 15). Por aquí empezará la conversión de cada comunidad, tal como se expresaba en *Unitatis redintegratio,* 6. La «conversión del corazón» constituye pues una premisa. Así, junto a una valoración necesariamente positiva del movimiento ecuménico entendido según estos principios católicos, Juan Pablo II invitaba a todos los cristianos a una *«necesaria purificación de la memoria histórica»* y a «reconsiderar juntos su doloroso pasado» para «reconocer juntos, con sincera y total objetividad, los errores cometidos y los factores contingentes que intervinieron en el origen de sus lamentables separaciones» (n. 2). Al ecumenismo de manos, cabeza y corazón, se une ahora el de la lengua: hablar siempre bien de los demás.

En efecto, los cristianos que nacen en estos momentos en esas Iglesias y Comunidades eclesiales –como subrayó el decreto *Unitatis redintegratio* (n. 3)– no tienen culpa de la separación pasada y son amados por la Iglesia y reconocidos como hermanos. Sí que pudo haberla en sus orígenes, por tanto, y esto requerirá un necesario proceso de purificación. Con esto hemos entrado de lleno en el «ecumenismo espiritual», el llamado «ecumenismo de la oración» o «del corazón». En el n. 8 de la *Unitatis redintegratio,* se habla de «la oración en común», y Juan Pablo II no se olvida del «alma del ecumenismo», como afirma el decreto conciliar *(Unitatis redintegratio,* 8). El n. 21 de *Ut unum sint* habla de la «primacía de la oración», citando así de nuevo el n. 8 del decreto de ecumenismo del Vaticano II; y tras esto, añade:

> Se avanza en el camino que lleva a la conversión de los corazones según el amor que se tenga a Dios y, al mismo tiempo, a los hermanos: a todos los hermanos, incluso a los que no están en plena comunión con nosotros. [...] El amor es la corriente profundísima que da vida e infunde vigor al proceso hacia la unidad. Este amor halla *su expresión más plena en la oración común.*

La oración con otros cristianos puede llevar a crecer en comunión en toda la Iglesia, y lleva a ver las cosas de un modo distinto. «La comunión en la oración lleva a mirar con ojos nuevos a la Iglesia y al cristianismo», concluye dos números después. Tras referirse al octavario por la unidad de los cristianos, aludía también san Juan Pablo II como ejemplo a distintos encuentros de oración con el Arzobispo de Canterbury, con obispos luteranos y en la sede del Consejo ecuménico de las Iglesias, en Ginebra. Con el Patriarca ecuménico de Constantinopla, el Papa polaco hablaba de «mi participación en la liturgia eucarística», lo cual denota un tono distinto. Siguen por tanto vigentes los principios sobre la *communicatio in sacris,* expuestos en *Unitatis redintegratio,* 8 y 15, y recordados explícitamente en n. 46.

> Ciertamente, a causa de las divergencias relativas a la fe, no es posible todavía concelebrar la misma liturgia eucarística. Y sin embargo, tenemos el ardiente deseo de celebrar juntos la única Eucaristía del Señor, y este deseo es ya una alabanza común, una misma imploración (n. 45).

Como señala en fin la *Unitatis redintegratio* en su epígrafe sobre la «*santidad individual y comunitaria*» (n. 4, § 6), Juan Pablo II recordaba también su necesidad en las personas, las comunidades y las instituciones como secreto del movimiento ecuménico. En primer lugar, está el llamado «ecumenismo de los mártires», «más numerosos de lo que se piensa». Estas situaciones han sido siempre fecundas en frutos ecuménicos:

> Si se puede morir por la fe, esto demuestra que se puede alcanzar la meta cuando se trata de otras formas de aquella misma exigencia. Ya he constatado, y con alegría, cómo la comunión, imperfecta pero real, se mantiene y crece en muchos niveles de la vida eclesial (n. 84).

Pero será sobre todo el testimonio de la santidad lo que mueva a esa unidad querida por Cristo y obrada por su Espíritu. «En la irradiación que emana del "patrimonio de los santos" pertenecientes a todas las Comunidades, el "diálogo de conversión" hacia la unidad plena y visible aparece entonces bajo una luz de esperanza» *(ibid.)*. Los santos son también los mejores ecumenistas, quienes buscan siempre la unidad en la única Iglesia de Jesucristo. Por último y como consecuencia de todo lo anterior (conversión y oración), surgirá la necesaria «colaboración práctica», que ya auguraba la *Unitatis redintegratio,* 12. Es lo que llamábamos «ecumenismo de las manos». Tras la conversión y la contemplación, viene la acción:

> Además, la cooperación ecuménica es una verdadera escuela de ecumenismo, es un camino dinámico hacia la unidad. [...] A los ojos del mundo la cooperación entre los cristianos asume las dimensiones del común testimonio cristiano y llega a ser instrumento de evangelización en beneficio de unos y otros (n. 40).

El testimonio cristiano común, ofrecido por medio de la solidaridad y la cooperación, puede ser un privilegiado agente evangelizador. Eso sí, hace falta que estas iniciativas en común estén uniformadas por el verdadero espíritu cristiano: «Una cooperación, así fundada sobre la fe común, no solo es rica por la comunión fraterna, sino que es una epifanía del mismo Cristo» *(ibid.)*.

## El diálogo teológico

En cuanto al «ecumenismo teológico» o «de la cabeza», Juan Pablo II recordaba la «importancia fundamental de la doctrina». Hemos de ver qué nos une y qué nos separa en nuestra fe, buscando así juntos la plenitud de la verdad revelada.

> No se trata en este contexto de modificar el depósito de la fe, de cambiar el significado de los dogmas, de suprimir en ellos palabras esenciales, de adaptar la verdad a los gustos de una época, de quitar ciertos artículos del Credo con el falso pretexto de que ya no son comprensibles hoy.
>
> La unidad querida por Dios solo se puede realizar en la *adhesión común al contenido íntegro de la fe revelada*. En materia de fe, una solución de compromiso está en contradicción con Dios que es la Verdad. En el cuerpo de Cristo que es «camino, verdad y vida» (Jn 14,6), ¿quién consideraría legítima una reconciliación lograda a costa de la verdad? (n. 18).

La verdad, junto con el amor, constituyen las claves del éxito en el diálogo ecuménico. «Sin embargo –añade un número después–, la doctrina debe ser *presentada de un modo que sea comprensible* para aquellos a quienes Dios la destina». La presentación de la doctrina cristiana en su integridad ha de ser clara, pero no por eso polémica. A su vez, ha de ser también asequible a los cristianos que tengan unos ciertos presupuestos doctrinales, sin traicionar por esto la integridad de la doctrina. Así nacerá el necesario diálogo.

> Si la oración es el «alma» de la renovación ecuménica y de la aspiración a la unidad; sobre ella se fundamenta y en ella encuentra su fuerza todo lo que el Concilio define como «diálogo» (n. 28).

Este girará en torno a los conceptos de «verdad» y «amor», que aparecen como inseparables en todo trabajo ecuménico (cf n. 29). En concreto, la encíclica de Juan Pablo II recuerda los *principios eclesiológicos* sobre «Iglesias y Comunidades eclesiales» expuestos en el capítulo tercero de la *Unitatis redintegratio*. En primer lugar se habla del diálogo con otras Iglesias y Comunidades eclesiales en Occidente (cf nn. 64-70). Tras aludir a las convergencias y las divergencias con ellas (cf *Unitatis redintegratio,* 9), establece un diagnóstico realista de la situación:

> El concilio Vaticano II no pretende hacer la «descripción» del cristianismo posterior a la Reforma, ya que «estas Iglesias y Comunidades eclesiales difieren mucho, no solo de nosotros, sino también entre sí», y esto «por la diversidad de su origen, doctrina y vida espiritual». Además, el mismo Decreto observa cómo el movimiento ecuménico y el deseo de paz con la Iglesia católica no ha penetrado aún en todas partes (n. 66; cf *Unitatis redintegratio,* 19).

El diálogo ecuménico se presenta por tanto con sus matices y complejidad. Así, tras referirse al tesoro común del bautismo y del amor a la Escritura –si bien con una comprensión distinta en la relación de esta con la Iglesia (cf *Unitatis redintegratio,* 21-22, n. 66)–, Juan Pablo II recuerda también que «han surgido divergencias doctrinales e históricas del tiempo de la Reforma a propósito de la Iglesia, de los sacramentos y del ministerio ordenado» (n. 67). Recuerda así la doctrina del *defectus ordinis* expuesta en *Unitatis redintegratio,* 22, por la que estas Comunidades eclesiales carecerían de la sucesión apostólica, del verdadero ministerio y, por tanto, de la mayoría de los sacramentos.

Permanecen sin embargo en común el *bautismo y* la *palabra de Dios,* por lo que se podría decir que la unidad está incoada, pero no ha llegado a la plenitud. «En esta amplia materia –concluye– hay un gran espacio de diálogo sobre los principios morales del Evangelio y sus aplicaciones» (n. 68). Quedan además por resolver unos cuantos problemas teológicos: el bautismo (en aquellas comunidades que lo hayan perdido también), la Eucaristía, el ministerio ordenado, la sacramentalidad y la autoridad de la Iglesia, la sucesión apostólica. En fin, termina apelando una vez más al «ecumenismo espiritual» y a la necesidad de la oración como fundamento de cualquier ecumenismo posible.

De la misma manera la encíclica *Ut unum sint* recuerda que las Comunidades surgidas a partir de las primeras disputas cristológicas y del Cisma de Oriente (las llamadas *antiguas Iglesias orientales),* al conservar la sucesión apostólica, deben ser consideradas como verdaderas Iglesias particulares. Tras mencionar distintos acuerdos ecuménicos alcanzados en los últimos años (Patriarcado copto ortodoxo, Patriarcado de la Iglesia de Antioquía, Patriarcado asirio de Oriente, Patriarcado ecuménico de Constantinopla: cf nn. 50-54, 62), alude a la necesidad de mantener el principio del primado petrino como ministerio para la unidad y el amor:

> La Iglesia católica, tanto en su praxis como en sus documentos oficiales, sostiene que la comunión de las Iglesias particulares con la Iglesia de Roma, y de sus obispos con el obispo de Roma, es un requisito esencial –en el designio de Dios– para la comunión plena y visible (n. 97).

De esta plena comunión se desprende también la mayor eficacia en el cumplimiento de la misión encomendada por Cristo a su Iglesia (cf n. 98). A la vez que clamaba para que Europa y el mundo entero respiraran con los «dos pulmones» de Oriente y Occidente (cf n. 54), Juan Pablo II insistía en la importancia del *«ministerio de unidad» del obispo de Roma* (cf *Lumen gentium,* 23). La falta de uno implica una insuficiencia respiratoria. Tras constatar que este podría ser en algún caso «una dificultad para la mayoría de los demás cristianos» (n. 88), propone un estudio detenido de la función del sucesor de Pedro en la comunión de la Iglesia, en los niveles escriturístico y teológico (cf nn. 90-96), la encíclica sobre el ecumenismo trae a la memoria que todas las Iglesias están en comunión plena y visible porque todos los pastores están en comunión con Pedro, y así en la unidad de Cristo. El obispo de Roma, con el poder y la autoridad sin los cuales esta función sería ilusoria, debe asegurar la comunión de todas las Iglesias (n. 94).

*Ubi Petrus, ibi plena Ecclesia.* El ministerio petrino constituye de este modo una garantía de plena comunión en la Iglesia de Cristo.

## Conclusiones

En lo que se refiere a la relación con los demás cristianos, cabe considerar otra tarea, que es –con palabras de *Unitatis redintegratio*– «el trabajo de preparación y de reconciliación de las personas singulares que desean la plena comunión católica» (*Unitatis redintegratio,* 4), es decir, la atención a aquellos cristianos de otras confesiones que desean ser católicos. Es necesario distinguir, como hace el decreto conciliar, la actividad ecuménica y la atención a estas situaciones particulares.

La primera –el ecumenismo– se orienta a la unión plena y visible de las Iglesias y Comunidades eclesiales como tales. En segundo lugar, hay también personas concretas que, en conciencia, se plantean libremente la posibilidad de hacerse católicas. Las dos tareas se fundamentan en el deseo de colaborar con el designio de Dios y, lejos de oponerse, están íntimamente compenetradas (cf *ibid.)*. De esta forma, el ecumenismo seguiría siendo perfectamente compatible con la incorporación plena de otros cristianos a la Iglesia católica[3].

[3] Cf *Unitatis redintegratio,* 22; *Ut unum sint,* n. 66. Para profundizar en estos puntos, puede verse G. THILS, *El decreto sobre ecumenismo,* Desclée de Brouwer, Bilbao 1968; P. RODRÍGUEZ, *Iglesia y ecumenismo,* Rialp, Madrid 1979; JUAN PABLO II, *Documentos sobre ecumenismo,* Palabra, Madrid 1995.

## 2
# Benedicto XVI*

El Papa alemán comparaba el camino ecuménico con un largo ascenso a una montaña, cuya principal virtud es la paciencia. Paso a paso, caminamos lenta y tal vez esforzadamente hacia la unidad de los cristianos. Pero poco a poco el paisaje y la panorámica van mejorando. Benedicto XVI tuvo siempre una gran vocación ecuménica, ya desde su actividad como profesor de Teología. Durante su pontificado promovió la unidad en la medida de sus posibilidades, sabiendo que esta solo es un don del Espíritu. Realizó una serie de acercamientos con los ortodoxos, la entonces Iglesia patriótica china, los lefebvrianos, los anglicanos y los luteranos, así como con las demás confesiones cristianas y denominaciones protestantes con las que la Iglesia católica mantiene un diálogo oficial. Los resultados están por ver y la historia nos ayudará a entender la importancia de estos pequeños pasos.

* Publicado como «Benedicto XVI y el ecumenismo», *Omnes* 700 (2021/2) 42-46.

## Con ortodoxos

El Papa bávaro viajó a Turquía en 2006 para promover la unidad con los ortodoxos, en medio de la polémica con los musulmanes por el discurso de Ratisbona. Tal vez esta supuso un movimiento de acercamiento con las Iglesias hermanas de la ortodoxia, amenazadas por el fundamentalismo islámico. En el avión que le llevaba hacia Ankara, Benedicto XVI había hablado también de que se trataba de «un momento muy importante en el camino hacia la unidad de los cristianos». El patriarca Bartolomé I, el *primus inter pares* de la ortodoxia con trescientos millones de fieles en el mundo, recibió a Benedicto XVI el 29 y el 30 de noviembre en el Patriarcado ecuménico. El sucesor de Pedro iba a encontrarse con el de Andrés, ambos martirizados en la cruz. «Estamos esperando la visita del Papa con amor fraternal y con una gran expectativa», había dicho unos días antes el Patriarca ecuménico de Constantinopla.

El último deseo era poder reunirse con los ortodoxos en torno a la Eucaristía. En la declaración conjunta que firmaron tras la Divina liturgia ortodoxa a la que el obispo de Roma tan solo asistió, Bartolomé I y Benedicto XVI se comprometían a defender juntos la paz y la justicia, así como a combatir el olvido de Dios en el mundo actual y denunciar los atentados contra el medio ambiente. Las bendiciones finales que Benedicto XVI y el patriarca ecuménico Bartolomé I impartieron a los fieles desde un balcón del Patriarcado de Constantinopla concluyeron con un gesto inesperado: Bartolomé I tomó la mano del Papa y la levantó como si fuera el vencedor de una competición deportiva. Los dos sucesores de los apóstoles Pedro y Andrés sonreían a gusto, y el público allí presente aplaudió con entusiasmo.

Católicos y ortodoxos firmaron en 2008 un importante acuerdo que acerca sus posturas respecto al problema más controvertido que existe entre ambas confesiones: la dimensión universal de la Iglesia. Fue publicado el documento final de la asamblea plenaria de la Comisión mixta internacional para el diálogo teológico entre la Iglesia católica y la ortodoxa, celebrado del 8 al 14 de octubre de 2007 en Rávena (Italia). La asamblea estaba presidida por el cardenal Walter Kasper, presidente del Pontificio consejo para la promoción de la unidad entre los cristianos y por S. E. Ioannis, metropolita de Pérgamo, perteneciente al Patriarcado ecuménico de Constantinopla. El documento constaba de cuarenta y seis párrafos y fue publicado simultáneamente en Roma, Atenas, Estambul y Chipre. Un acontecimiento casi global. Su título: *Consecuencias eclesiológicas y canónicas de la naturaleza sacramental de la Iglesia*.

El cardenal Kasper comentó que «el paso importante es que –por primera vez– las Iglesias ortodoxas han dicho que existe un nivel universal de la Iglesia» y que «existe un primado: según la praxis de la Iglesia antigua, el primer obispo es el obispo de Roma».

Es decir, el Papa es considerado el *prôtos*, el primero entre los Patriarcas de todo el mundo, y Roma –según la expresión de Ignacio de Antioquía– la «Iglesia que preside en la caridad». En ella estaría el centro neurálgico y cordial de la cristiandad. Pero no hemos hablado –añadía Kasper– de la prerrogativas del obispo de Roma; solo hemos indicado la praxis para el debate futuro. Este documento es un modesto primer paso y como tal ofrece ciertas esperanzas, pero no podemos exagerar su importancia.

El cardenal alemán se mostraba prudente y señalaba que «la próxima vez tendremos que volver a hablar sobre el papel del obispo de Roma en la Iglesia universal en el primer milenio; después tendremos que afrontar también el segundo milenio –el concilio Vaticano I y el Vaticano II–; y esto no será fácil. El camino es muy largo y difícil».

## Con católicos chinos

Aunque no se trate propiamente de ecumenismo, también aquí hay un esfuerzo en la búsqueda de la unidad visible. Quedaban todavía pendientes toda una serie de retos y albergaba también Benedicto XVI otro de los sueños que no se hicieron realidad para su predecesor: atravesar el llamado Muro de Bambú, poder cruzar la Gran Muralla china, casi infranqueable en este momento para quien quisiera predicar a Jesucristo. Una larga historia de detenciones y persecuciones avalan esta afirmación. El 27 de mayo de 2007, solemnidad de Pentecostés, Benedicto XVI firmaba una carta dirigida a los católicos chinos, en la que les llamaba a la comunión, a pesar de las circunstancias dolorosas que habían pasado durante décadas. La China de Mao había sometido a la llamada «Iglesia oficial» a una obediencia sumisa, al obligarle incluso a separarse de modo formal de Roma. El régimen comunista persiguió al mismo tiempo a la llamada «Iglesia clandestina», mientras la Iglesia patriótica china había mantenido en varias ocasiones una secreta unión con el romano pontífice.

Desde los años ochenta del siglo pasado, circulaba una carta en la que se decía que no se podían recibir sacramentos de un sacerdote de esta Iglesia oficial (y los pecados no eran perdonados). Juan Pablo II recordó que, en caso de necesidad, podían ser recibidos. En 2000 Juan Pablo II había ordenado doce obispos chinos, a lo que el gobierno del país respondió ordenando ilegítimamente a otros cinco. La Iglesia unida a Roma –clandestina y con vida tan solo en las catacumbas– era continuamente perseguida: sus obispos, sacerdotes y numerosos laicos visitaban con frecuencia las cárceles del régimen comunista. En esta ocasión, Benedicto XVI les llamó a la comunión con Roma y entre ellos. Por un lado, pedía libertad religiosa para la Iglesia que debía vivir en la clandestinidad; por otro, recordaba que los sacramentos de la Iglesia patriótica son válidos. Al hacer referencia a los modernos fenómenos de la globalización, la modernidad y el ateísmo, el Papa destacaba el creciente interés de los jóvenes por la espiritualidad, especialmente de origen cristiano. El futuro de la Iglesia en China resultaba pues inmenso, con los más de quince millones de católicos que existen en la actualidad. «Solo un teólogo lleno de sabiduría –concluía Joseph Zen, cardenal de Hong Kong– y de un padre que se conmueve por la suerte de sus hijos podría escribir algo así». Esta unidad solo se puede alcanzar por medio de la mutua reconciliación:

> La purificación de la memoria, el perdón de los que han cometido errores, el olvidar las injusticias sufridas en la propia carne y el deseo de devolver la paz a los corazones atribulados, todo esto, realizado en el nombre de Cristo crucificado y resucitado, puede exigir cambiar los propios puntos de vista, que han surgido en medio del miedo y de duras experiencias.

Solo así podrá renacer una Iglesia fuerte –recordaba Benedicto XVI–, y el nombre de Cristo dejará de ser de este modo desconocido en China. La carta fue prohibida en internet, pero a la vez el Vía crucis del año 2008 estaba escrito por el cardenal chino Joseph Zen Ze-Kim: ante unas imágenes que representaban la pasión Cristo con personajes con los ojos rasgados, la Iglesia perseguida en China levantó la voz. Mientras las autoridades comunistas de Pekín reprimían también un levantamiento en el Tíbet, incluso con sangre. Un vía crucis que se prolongará también durante el pontificado del papa Francisco, quien también luchará denodadamente por la unidad de la Iglesia en China.

## Con lefebvrianos

«El tradicionalismo no es una componente mayoritaria en Francia, pero representa una identidad fuerte y en contraposición a la Iglesia de Roma y al "mundo", que termina por atraer cierto número de fieles», escribía Andrea Riccardi. En la relación de los católicos con los lefevrianos, había que esperar de momento. Confirmando los insistentes rumores de los últimos días, los lefebvrianos dijeron «no» a la oferta de la Santa Sede para volver a la Iglesia católica: aunque no se negaban a continuar con el diálogo, los miembros de la Fraternidad sacerdotal san Pío X no aceptaron las cinco condiciones que el Vaticano les propuso para volver a la plena comunión con Roma (incluida la totalidad de la doctrina del Vaticano II), pues contenían –a su modo de ver– un «carácter vago». Esta comunidad exigía además a Benedicto XVI que retirara la excomunión que pesa sobre los obispos de la Fraternidad san Pío X, cosa que hizo poco antes de una encendida polémica por el caso Williamson.

Roma y Ecône no hablaban el mismo lenguaje, pues surgían ambigüedades, incomprensiones y malentendidos. Una análoga suma de circunstancias había hecho estallar en los meses pasados una polémica similar: cuando Benedicto XVI liberalizó para todos los católicos el rito antiguo de la misa, muchos judíos protestaron porque había en dicho rito una oración considerada por ellos inaceptable y ofensiva, en cuanto apunta a su «conversión». El Papa reescribió el texto de la oración sin alusiones ofensivas, pero algunos judíos rechazaron también la nueva fórmula: no les parecía justo el final «concede propicio que, al entrar en la plenitud de los pueblos en tu Iglesia, todo Israel se salve». La razón de fondo de esta polémica está en la teología antijudía que distingue en general a los lefebvrianos. En el bando contrario, según muchos judíos, la Iglesia católica hace muy poco para contrarrestar este antisemitismo y exigir el arrepentimiento de sus responsables. En efecto, los «magnánimos gestos de paz» que Benedicto XVI llevó a cabo con frecuencia en dirección a los lefebvrianos se han venido secundados hasta ahora con algún paso significativo de arrepentimiento y de acercamiento por parte de estos.

A principios de febrero de 2012, el superior de los lefebvrianos afirmaba que estaba dispuesto a aceptar el protocolo vaticano, siempre y cuando se discutieran las habituales interpretaciones de las enseñanzas del Vaticano II sobre ecumenismo y la libertad religiosa. Poco después, en una nota emitida por la Oficina de información de la Santa Sede el 16 de marzo de 2012, se comentaba:

> La respuesta de la Fraternidad sacerdotal de san Pío X con respecto al *Preámbulo doctrinal* [...], recibida en enero de 2012, fue sometida al examen de la Congregación para la Doctrina de la Fe y, sucesivamente, al juicio del santo padre. En cumplimiento de la decisión del papa Benedicto XVI, en una carta entregada hoy se ha comunicado al obispo Fellay la evaluación de su respuesta. En la carta se observa que la posición por él expresada no es suficiente para superar los problemas doctrinales que subyacen a la fractura entre la Santa Sede y dicha Fraternidad.

La cuestión sigue pues abierta y debe continuar el diálogo en cuestiones teológicas, en concreto sobre ecumenismo y la libertad religiosa, tal como fue esta doctrina expuesta en el Vaticano II. El diálogo teológico debe pues continuar en la verdad, la caridad y la esperanza.

## Con anglicanos

«Los anglocatólicos cruzan el Tíber»; «El Vaticano da el mayor paso de su historia para acoger a los anglicanos», titulaban los periódicos. «Por los caminos de Newman y Blair» aludía a las anteriores incorporaciones a la Iglesia católica del intelectual y del político, en los siglos XIX y XX, respectivamente. Los anglicanos siempre han podido, a título individual, entrar en plena comunión con la Iglesia de Roma. Pero con el documento que aprobó Benedicto XVI, la plena comunión con Roma no solo será más fácil, sino que iba a permitir que grupos enteros de anglicanos entren a formar parte del catolicismo. El acuerdo fue anunciado el día 20 de octubre simultáneamente en Roma y en Londres por el cardenal William Levada y por el primado anglicano Rowan Williams, acompañado del arzobispo católico de Londres, Vincent Nichols, con quien publicó un comunicado conjunto.

El 9 de noviembre de 2009 se publicaba la constitución apostólica *Anglicanorum coetibus,* en la que se regulaba la posible incorporación de grupos de anglicanos a la Iglesia católica. La canonización en 2010 por el papa Francisco de John Henry Newman, venerado por católicos y anglicanos, marcaba el camino. En efecto, podría ser una intercesión útil en este intrincado itinerario. Algunos tildaban esta actitud de uniatismo más que de ecumenismo, pero el Vaticano II no ve contradicciones entre ambas posibilidades (cf *Unitatis redintegratio,* 22).

¿Un ordinariato para acoger también a los luteranos que pretendan volver a la comunión con Roma, pero conservando algunos aspectos de su tradición? «En el caso de los protestantes el mayor problema es la fragmentación interna», había diagnosticado el Papa, por lo que sería impensable una unión «en bloque». La hipótesis de extender a los seguidores de Martín Lutero la solución que ofreció Benedicto XVI a algunos grupos anglicanos fue sugerida por primera vez por el cardenal Kurt Koch, presidente del Pontificio consejo para la unidad de los cristianos:

> Si los luteranos expresaran un deseo parecido –afirmó Koch–, entonces tendríamos que reflexionar sobre su situación. Pero la iniciativa sigue en manos de los luteranos.

La idea fue retomada por el entonces prefecto de la Congregación para la Doctrina de la Fe, monseñor Gerhard Ludwig Müller: en su nativa Alemania hay luteranos que pretenden volver a la comunión con Roma y que consideran que las reformas de Lutero encontraron respuesta en las innovaciones del concilio Vaticano II.

## Con luteranos

El cardenal Ratzinger había tenido un protagonismo clave en la firma de la *Declaración conjunta sobre la doctrina de la justificación,* firmada con los luteranos en 1999, y suscrita después por metodistas, reformados y anglicanos. Ya al comienzo de su visita en 2010, el Papa alemán había destacado como un momento importante de su viaje su encuentro con «nuestros amigos, hermanos y hermanas protestantes», en Erfurt, cuna remota de la Reforma luterana. En ese convento de los agustinos ermitaños, Martín Lutero permaneció desde 1505 a 1511, cultivó el estudio de la Sagrada Escritura, inició su camino teológico y comenzó a intuir el proyecto reformador que acabaría cambiando el mapa religioso de Europa. Tras hacer referencia al profundo interés del reformador por el misterio del mal, del pecado y de la necesidad de un Dios misericordioso, el Papa alemán se refirió al núcleo del problema en el texto citado: «No, el mal no es una nimiedad. No sería tan poderoso si nosotros pusiéramos a Dios realmente en el centro de nuestra vida». El motor del ecumenismo seguía siendo la conversión y la santidad, «la vivencia y el testimonio de la verdad de la fe».

En vísperas de la visita del Papa –recordaba un cronista–, se había hablado varias veces de que se esperaba de esta visita un don ecuménico del huésped, dijo refiriéndose a la admisión de los luteranos a la Eucaristía católica.

> A este respecto, quisiera decir que esto constituye un malentendido político de la fe y del ecumenismo. [...] La fe no es una cosa que nosotros fabricamos o concordamos. Es el fundamento sobre el cual vivimos. La unidad no crece mediante la ponderación de ventajas y desventajas, sino profundizando cada vez más en la fe mediante el pensamiento y la vida.

Primero hay que construir esa unidad real en torno a la fe en Jesucristo, para después –cuando se logre esa comunión plena– acceder juntos a los sacramentos.

Debe continuar de esta forma el diálogo teológico no solo sobre la Iglesia, el ministerio y los sacramentos, sino también sobre el modo de leer e interpretar la Escritura. No todos lo entendieron. Comentaba al respecto el cardenal Kasper que se perdió de vista el verdadero obsequio del Papa a Erfurt: su visita al exconvento agustino en el que Martín Lutero vivió de joven, allí donde Lutero, alejado de la antigua polémica católica y de la teología de la controversia, obró como cristiano que tenía como prioridad a Dios y su gracia; además, el Pontífice se expresó con gratitud por los resultados del diálogo y, por último, junto con los altos exponentes de la Iglesia protestante, celebró una liturgia de la Palabra, plenamente válida también de acuerdo con la comprensión evangélica, todas cosas que hasta hace pocos decenios eran completamente inimaginables.

Este fue un viaje que podríamos llamar *profético* y que auguraba el futuro encuentro del papa Francisco con las autoridades luteranas de la ciudad sueca de Lund, con motivo de los 500 años del inicio de la reforma luterana. Habíamos dado un primer paso con la *Declaración conjunta sobre la doctrina de la justificación* en 1999, pero ahora tendríamos que dar otros tantos en los que los sacramentos, el ministerio, la eclesiología y la interpretación de la Escritura ocupan un lugar prioritario.

# 3
# El papa Francisco*

La intensidad de las relaciones ecuménicas entre los cristianos depende en gran medida de que estas tengan una visión ecuménica y el deseo de participar en ellas. No es este un momento fácil para el cristianismo, y el ecumenismo ocupa con frecuencia un segundo lugar en las prioridades de las Iglesias y Comunidades eclesiales, tras la prioritaria de la simple supervivencia. A la vez el recuerdo de lo que el papa Francisco llama el «ecumenismo de la sangre» de los cristianos perseguidos genera un nuevo ambiente en las relaciones ecuménicas. En una conferencia que tuvo lugar en el Centro *Pro Unione* de Roma el 23 de enero de 2020, el obispo Brian Farrell, secretario del Pontificio consejo para la promoción de la unidad de los cristianos, comenzaba invocando el documento titulado *Hacia una visión común* de la comisión *Faith and Order* del Consejo mundial de las Iglesias. Allí se localizaban los conocidos peligros de la secularización («Dios no es necesario y la Iglesia es tan solo un conte-

* Publicado como «El ecumenismo del papa Francisco», *Omnes* 699 (2021/1) 44-48.

nedor de tradiciones que no tienen nada que ver con las decisiones que toma la gente hoy»); el desarrollo de las redes sociales y los medios de comunicación, donde la opinión de cualquiera puede ser emitida y difundida a «una amplia audiencia» y que sustituyen a las relaciones reales y eclesiales; el pluralismo religioso, donde todas las religiones se presentan como «caminos de salvación», y la «exclusividad de Jesucristo como único Salvador del mundo resulta relativizado» (n. 7).

## El ministerio petrino, hoy

Como suele decir el papa Francisco, «no estamos en una época de cambio sino en un cambio de época». En su discurso a la Curia romana del 21 de diciembre de 2019, pronunció las siguientes palabras:

> Los cristianos ya no somos hoy los únicos que creamos cultura, ni estamos en la vanguardia ni somos los más escuchados. Necesitamos un cambio en nuestra mentalidad pastoral. La fe, especialmente en Europa pero también en gran parte de Occidente, ya no es un presupuesto evidente de la vida social; de hecho, la fe a menudo es rechazada, marginada y ridiculizada... ¡La cristiandad ya no existe!

Por eso la propuesta y el lenguaje del papa Francisco no es teórico ni especulativo sino esencialmente misionero. No podemos olvidar que el movimiento ecuménico en el siglo XX tuvo un origen misionero, en la Conferencia misionera mundial de Edimburgo en 1910. La misión lleva necesariamente a la búsqueda de la unidad de los cristianos.

El papa Bergoglio ve al pueblo de Dios no como una categoría abstracta conceptual, sino como un compuesto de pueblos y culturas enraizados en la misma fe. De ahí la importancia única para la teología y la acción pastoral de la experiencia religiosa de esos pueblos y, dentro de esos pueblos, de los pobres. Estos no son solo objeto de la acción de la Iglesia, sino también el agente y criterio de esa acción. En otras palabras, el mensaje del Evangelio se asimila mejor desde dentro de los distintos pueblos y culturas, y no como algo que llega desde el exterior. De aquí la importancia de la religiosidad popular. No se trata de una supuesta «cultura eclesiástica» superior, generada por élites intelectuales y políticas posteriores a la Ilustración. La Iglesia no crece «de afuera hacia adentro» sino «de dentro hacia fuera». Como resultado, el papa Francisco ve la Iglesia no como una realidad a la que hay que servir, sino como la sierva de todos, especialmente de los pobres.

En la visión de Francisco de la Iglesia, la unidad de los cristianos desempeña un papel central, aunque no siempre fue así para él. El arzobispo Bergoglio llegó al ecumenismo a través de una «conversión» personal, ayudado por su contacto con la Renovación carismática. La conversión es el motor de la reforma. Durante el vuelo de regreso de Lund después de la conmemoración conjunta católico-luterana de la Reforma en 2017, ante la pregunta: en un mundo así, «¿cómo poseen las Iglesias un espacio para la revelación y la enseñanza autorizada sobre la fe y la moral?», el papa Francisco respondió que –como entidad global– «la Iglesia católica está experimentando todos estos desafíos de manera intensa, utilizando las energías dirigidas a evangelizar y servir».

La reforma genuina es siempre difícil porque, en el fondo, requiere un correcto discernimiento respecto al mensaje original (lo que Dios ha dicho y hecho en la muerte y resurrección de Jesucristo), que debe ser anunciado, transmitido y vivido hoy. El mensaje es siempre relevante, pero ciertos paradigmas, estructuras y modos de vida de la Iglesia no son ya canales efectivos de evangelización y testimonio. La Iglesia debe ser reformada conforme a la voluntad fundacional de Cristo, y las estructuras, aligeradas. Como arzobispo de Buenos Aires, entre 1992 y 2013, participó en muchas reuniones de oración y, a través de ellas, hizo amistades duraderas con carismáticos católicos, así como con figuras evangélicas y pentecostales.

Estas amistades tuvieron un impacto duradero en Bergoglio. Es interesante lo que dijo en una entrevista con Ulf Jonsson, director de la revista Signum, con motivo de su viaje a Lund por el 500 aniversario del inicio de la Reforma protestante. Recordaba allí al pastor sueco Anders Ruuth, profesor de Teología espiritual en la Facultad de Teología luterana de

Argentina: «En un momento realmente difícil para mi alma, tuve mucha confianza en él y abrí mi corazón. Me ayudó mucho en ese momento... Lo recuerdo con mucho cariño y reconocimiento». Por medio de estas experiencias, Jorge Bergoglio llegó al papado con un profundo deseo de hacer todo lo posible por la unidad de los cristianos.

## Iniciativas ecuménicas

El papa Francisco entiende las relaciones ecuménicas, sobre todo, como una cuestión de relaciones personales guiadas por el Espíritu. El ecumenismo del corazón y de las manos. Su compromiso personal es especialmente evidente en sus reuniones con jefes de Iglesias y Patriarcas. Ha conocido a muchos de ellos en sus viajes a Tierra Santa, Albania, Turquía, La Habana (camino de México), Lesbos, Armenia, Georgia y Azerbaiyán y Egipto, Bulgaria, Rumanía, Macedonia del Norte; y muchos líderes de otras Iglesias y Comunidades han ido a Roma, algunos de ellos varias veces. En sus propias palabras: «Se siente la fraternidad. Jesús está en el medio. Para mí son todos hermanos». Tras reunirse con el patriarca Kiril en La Habana comentó:

> Hemos hablado de temas que nos conciernen a los dos. Francamente, he sentido la presencia de un hermano y él también me ha dicho lo mismo. Dos obis-

pos que, en primer lugar, hablan de la situación de sus Iglesias; y en segundo lugar, de la situación mundial.

Lo mismo ocurre con la Comunión anglicana y las Comunidades protestantes: le leen, están agradecidos por su liderazgo y rezan por él. Nos encontramos ante un verdadero ecumenismo espiritual, el «ecumenismo del corazón» y de la oración.

Pero también la cabeza. Francisco está pidiendo un cambio de estilo en el modo tradicional de hacer ecumenismo –la búsqueda de un acuerdo teológico progresivo–, buscando una «vida juntos», un compartir real de los cristianos lo que tienen en común, más allá de las diferencias que no alcanzan el nivel de contradicción ni conflicto. *In necesariis unitas, in dubiis libertas, in omnibus caritas,* sostenía el adagio clásico. De hecho, no todas las diferencias tienen la misma importancia, por lo que hace falta un discernimiento teológico. El principio conciliar de la «jerarquía de verdades» *(Unitatis redintegratio,* 11) puede ser útil en este caso. Las Iglesias y Comunidades se acercarían unas a otras al dar prioridad a los elementos esenciales que ya las unen, y no apelando a sus diferencias como excusa para seguir viviendo y actuando por separado, como lo han hecho las Iglesias divididas durante siglos. A la vez no debemos olvidar el principio del *subsistit in* de *Lumen gentium,* 8: la verdadera Iglesia de Cristo, con todos los elementos de salvación y eclesialidad, subsiste en la Iglesia católica.

Quizás el corazón del legado ecuménico del papa Francisco sea este cambio de perspectiva, con su llamada a una forma más inclusiva de mirar a los cristianos de las demás Iglesias y Comunidades eclesiales. Francisco nos está instando a caminar hacia una comunión más plena, para no permanecer encerrados en la narrativa de «mi Iglesia» sobre los demás cristianos, sino pensando, juzgando y actuando dentro y desde una perspectiva mucho más amplia de toda la familia cristiana, de todos los bautizados incorporados en Cristo. De modo que existe este cristianismo más amplio, formado por todos los bautizados, en el que el Espíritu produce obras de gracia y salvación. «La unidad prevalece sobre el conflicto» *(Evangelii gaudium,* 226-230). El papa Francisco no ha inventado una nueva visión revolucionaria, sino que simplemente está extrayendo las consecuencias de lo que afirmaba *Lumen gentium,* 5:

> Ellos [otros cristianos] son consagrados por el bautismo, en el cual están unidos a Cristo... Asimismo, de alguna manera real están unidos a nosotros en el Espíritu Santo, porque a ellos también les concede sus dones y gracias, por lo que actúa entre ellos con su poder santificador.

Es decir, el punto de partida es una «eclesiología bautismal», donde el primer sacramento y la Escritura son un elemento para llegar con el tiempo a la plenitud de la sucesión apostólica, a los demás sacramentos (especialmente la Eucaristía) y al primado petrino. Francisco quiere que reconozcamos que hay elementos de la Iglesia de Cristo que se comprenden mejor y se conservan fuera de los límites visibles de la propia comunión. Como ejemplo, sus referencias al hecho de que los católicos pueden aprender mucho sobre la sinodalidad de los ortodoxos. Tenemos que estar preparados para recibir de otros lo que nos llevaría a identificarnos mejor con los designios de Dios. Ya en *Evangelii gaudium* había adelantado este principio rector:

> No se trata solo de estar mejor informado sobre los demás, sino de cosechar lo que el Espíritu ha sembrado en ellos, que también debe ser un don para nosotros (n. 246).

Para él la Iglesia es «una en la diversidad» y con frecuencia cita la expresión de Oscar Cullmann «diversidad reconciliada».

## La reforma del papado

En 2014, presidiendo las vísperas de la Semana de oración por la unidad de los cristianos por primera vez como papa, Francisco recordó el compromiso ecuménico de Juan XXIII, Pablo VI y Juan Pablo II, como buscando inspiración en ellos:

> El trabajo de estos, mis predecesores, permitió que el diálogo ecuménico se convirtiera en una dimensión esencial del ministerio del obispo de Roma, de modo que hoy el ministerio petrino no puede entenderse plenamente sin esta apertura al diálogo... El camino del ecumenismo nos ha permitido llegar a una comprensión más profunda del ministerio del sucesor de Pedro, y debemos estar seguros de que continuará haciéndolo en el futuro.

Todos los papas desde san Juan XXIII han reconocido la necesidad de un reparto más amplio de autoridad y responsabilidad, en otras palabras, una práctica genuina de la naturaleza colegiada y sinodal de la Iglesia. Como dijo en la conmemoración del quincuagésimo aniversario del sínodo de los obispos, el 17 de octubre de 2015:

> El papa no está, por sí mismo, por encima de la Iglesia; sino dentro de ella como uno de los bautizados, y dentro del colegio de obispos como un obispo entre los obispos, llamado al mismo tiempo –como sucesor de Pedro– a gobernar la Iglesia de Roma que preside en la caridad a todas las Iglesias.

Esta reforma del papado había sido propuesta por san Juan Pablo II en 1995, quien pidió un ejercicio del primado tal como se había desarrollado durante el primer milenio cristiano (cf *Ut unum sint,* 96). En cuanto a las Conferencias episcopales escribió el Papa argentino:

> Todavía no se ha explicitado suficientemente un estatuto de las Conferencias episcopales que las conciba como sujetos de atribuciones concretas, incluyendo también alguna auténtica autoridad doctrinal *(Evangelii gaudium,* 32).

Aquí de nuevo el papa Francisco no está proponiendo una novedad revolucionaria, sino reconociendo los principios que pertenecen a la esencia de la Iglesia entendida como comunión; y con ella, la sinodalidad y la colegialidad, el discernimiento pastoral y el respeto a las instancias intermedias, tal como propone el Vaticano II. El centro debe estar en continua y permanente comunión con las periferias. De momento Francisco solo puede plantar y nutrir; y reza para que sus sucesores sigan con esta tarea renovadora que inició el Concilio. Nuestros socios ecuménicos ven este tipo de reforma en la Iglesia católica como una importante fuente de esperanza para el ecumenismo en el siglo XXI.

## Perspectivas de futuro

El ecumenismo del papa Francisco es el resultado de una conversión espiritual e intelectual. Una conversión de la típica eclesiología «exclusivista» del pasado a un reconocimiento de que Dios actúa a través de todas las Comunidades de bautizados, tal como recuerda el Vaticano II. Francisco goza en esto de la confianza de los partidarios del ecumenismo, como se puede apreciar en las reuniones anuales con la delegación de Constantinopla. En los primeros años, la atención de Francisco se centró en el diálogo teológico, pero siempre en relación con su llamada a una cultura del encuentro:

> No debemos tener miedo al encuentro ni al verdadero diálogo. Esto no nos aleja de la verdad; más bien, mediante un intercambio de dones, nos conduce, bajo la guía del Espíritu de la Verdad, hacia toda la Verdad (cf Jn 16,13) (28 de junio de 2013).

De la hermenéutica de la sospecha pasamos a una dinámica del encuentro. Estas palabras van acompañadas de importantes gestos, como regalar las reliquias de san Andrés y san Pedro a Constantinopla, gesto que podría ser considerado como profético. El ecumenismo de Francisco consiste en «caminar, rezar, trabajar juntos», dar testimonio de la fe, evangelizar, servir con caridad, siempre con iniciativas y obras prácticas y tangibles. Por lo tanto, Francisco concede una importancia vital a experimentar la hermandad y «hacer juntos» todo lo que podamos hacer juntos. Es el «ecumenismo de las manos». No busca la uniformidad, y mucho menos el dominio. Rechaza la idea de que haya una sola forma de pensar y hacer. Su objetivo es la «diversidad reconciliada», forjada por la «intrusión» del Espíritu que inspira acciones de amor y solidaridad. Para Francisco, la reflexión teológica es parte esencial de este caminar juntos, pero la praxis debe preceder y preparar las condiciones para el acuerdo doctrinal. Para él, la acción ecuménica debe estar enraizada en lo que es ahora, en lo real, en las realidades imperfectas que tenemos que afrontar.

Lo real es el viaje mismo, un «viajar juntos» –concluía Farrell, resumiendo el ecumenismo del papa Francisco–, con la imperfección de nuestras relaciones personales e institucionales. No es solo una búsqueda de acuerdos provisionales plasmados en documentos (el llamado «ecumenismo de papel»), sino que todos los cristianos hemos de buscar el común acto de fe, la recíproca confianza, la mutua sumisión a la voluntad de Dios que, al final, constituirá el acto de restauración de la unidad entre las Iglesias y Comunidades en la única Iglesia de Cristo. La comunión que buscamos, según la voluntad de Dios, no será solo al final fruto del trabajo de unos expertos, sino un acto de amor y de fe de todos los creyentes en Cristo.

Será un milagro, obra del Espíritu. Como recordaba en la solemnidad de Pentecostés el 4 de junio de 2017 el Espíritu es el garante de la «verdadera unidad», «que no es uniformidad sino unidad en la diferencia». También sus propuestas del cuidado de la «casa común» y de «escuchar el grito de la tierra y de los pobres», expuestas en la encíclica *Laudato si',* han cosechado un buen consenso ecuménico, como recordaba Santiago Madrigal de la Pontificia Universidad de Comillas. Los temas morales también han de estar presentes en el diálogo ecuménico, sin que este se convierta en moralista. Pero el testimonio más creíble ha sido su constante petición de oraciones por su ministerio «que preside a todas las Iglesias en la caridad».

# Epílogo[*]

El vademécum del Pontificio Consejo para la promoción de la unidad de los cristianos está titulado significativamente *El obispo y la unidad de los cristianos,* y aparece firmado el 5 de junio de 2020 por el cardenal Kurt Koch como presidente y Brian Farrell como secretario. Concreta el anterior de 1993. El jefe de la sección occidental sobre pentecostales y evangélicos, Juan Usma Gómez, señalaba los «puntos fuertes» del texto. El primero sería que adoptaba una «perspectiva espiritual y pastoral», al traducir los principios católicos en «recomendaciones prácticas que tienen en cuenta las nuevas tendencias de nuestra sociedad contemporánea». Además, ofrece «dos síntesis muy necesarias», tanto de los documentos católicos sobre el ecumenismo como de los diálogos bilaterales tanto a nivel internacional como local. El último punto fuerte es que ofrece todos los ámbitos en los que puede realizar una actividad ecuménica: desde la oración a la cooperación en el campo social, desde la vida cotidiana vivida en comunidad a las iniciativas culturales comunes.

[*] Publicado como «El nuevo vademécum de ecumenismo», *Pastoral ecuménica* 111 (2021) 64-72.

## Comunión y misión

El prefacio recuerda en primer lugar que «el obispo no puede considerar la promoción de la causa ecuménica como una tarea más dentro de su variado ministerio», sino que constituye «un deber y una obligación» de buscar «la unidad de todos los bautizados en Cristo». Aquí radica la gran novedad del texto. La introducción recuerda la unidad como «intrínseca a la naturaleza de la Iglesia» (cf Jn 17,21; *Unitatis redintegratio,* 1; *Ut unum sint,* 3, 49).

> En la medida en que los cristianos dejan de ser signo visible de unidad –sostiene–, fracasan en su deber misionero de ser instrumentos que llevan a la humanidad hacia la unidad salvífica que resplandece en la comunión del Padre, del Hijo y del Espíritu Santo.

La comunión ofrece una mayor credibilidad misionera. A la vez, desde el punto de vista eclesiológico, se recuerda que las distintas Iglesias y Comunidades eclesiales constituyen «una comunión real, aunque incompleta», pues por el bautismo «quedan incorporados a Cristo» *(Unitatis redintegratio,* 3), y «se regeneran para el consorcio de la vida divina» *(ibid.,* 22). Tales Iglesias y Comunidades eclesiales poseen muchos elementos esenciales queridos por Cristo para su Iglesia, y el Espíritu se sirve de ellas como «medios de salvación» (cf *ibid.,* 3). Así, el tercer apartado se titula «La unidad de los cristianos como vocación de toda la Iglesia» (cf *Unitatis redintegratio,* 5), que compete a «todos los fieles», a todas «las Iglesias locales o particulares» *(Ut unum sint,* 31). La expresión del papa Francisco «caminando juntos, rezando juntos y trabajando juntos» resume de forma adecuada este planteamiento.

A esto sigue el n. 4, donde se propone al obispo como «principio visible de unidad» en su Iglesia local *(Lumen gentium,* 23), siendo este su ministerio fundamental.

> Arraigado en su oración personal –continúa–, la preocupación por la unidad debe informar cada aspecto de su ministerio: su enseñanza de la fe, su ministerio sacramental, y las decisiones de su gobierno pastoral.

Este ministerio va dirigido a «nuestros hermanos y hermanas en el Espíritu mediante los lazos de comunión reales aunque imperfectos que unen a todos los bautizados». Este ministerio episcopal de unidad está profundamente ligado al caminar juntos, de acuerdo con las enseñanzas del papa Francisco, porque «tanto la sinodalidad como el ecumenismo son un camino para recorrer juntos».

El vademécum se presenta pues como «una guía para el obispo en su función de discernimiento», «una guía para el cumplimiento de sus responsabilidades ecuménicas» (n. 5). Primero será necesaria una «purificación de la memoria» (cf n. 24), con la que los católicos, antes de comenzar por sus relaciones con los otros cristianos, deben examinar «su fidelidad a la voluntad de Cristo con relación a la Iglesia y, como es debido, emprendan animosos la obra de renovación y de reforma» *(Unitatis redintegratio,* 4). Así, el obispo es «hombre de diálogo que promueve el compromiso ecuménico», tanto en el «diálogo de la caridad» como en el «diálogo de la verdad» (n. 7)[1]. Por eso es responsabilidad del ordinario orientar y dirigir las iniciativas ecuménicas[2].

> Al establecer estas normas –advierte–, los obispos, sea que actúen singularmente o como conferencia episcopal, deben evitar cualquier tipo de confusión o malentendidos y velar que no se dé motivo de escándalo entre los fieles (n. 8).

En esta línea, el texto ofrece indicaciones sobre el nombramiento de delegados para el ecumenismo (n. 9) o la creación de la Comisión ecuménica de las conferencias episcopales y los sínodos de Iglesias orientales católicas (n. 10). En una línea más teológica, recuerda a su vez la «dimensión ecuménica de la formación», tanto del pueblo de Dios como de los pastores (cf 11-12), que exige a la fe católica «exponerla con más

---

[1] *Christus Dominus,* 13; *Código de derecho canónico,* c. 383, §3.

[2] *Unitatis redintegratio,* 4; *Código de derecho canónico,* c. 755, §1; *Código para las Iglesias orientales,* c. 903.

profundidad y con más rectitud, para que tanto por la forma como por las palabras pueda ser cabalmente comprendida también por los hermanos separados» *(Unitatis redintegratio,* 11). Estas exposiciones deben evidenciar que «hay un orden o "jerarquía" de las verdades en la doctrina católica, por ser diversa su conexión con el fundamento de la fe cristiana» *(Unitatis redintegratio,* 11). En efecto, aunque creemos todas las verdades reveladas con la misma fe divina, su significado depende de su relación con los misterios salvíficos de la Trinidad y la salvación en Cristo, fuente de todas las doctrinas cristianas (n. 11).

## Tarea de todos

En segundo lugar, la caridad exige que los católicos eviten presentaciones polémicas de la historia cristiana y de la teología y, en particular, tergiversar las posturas confesionales propias de los demás cristianos (cf *Unitatis redintegratio,* 4, 10). Es el «ecumenismo de la lengua». La caridad debe presidir este diálogo y estas relaciones. Y lo relaciona con el ecumenismo espiritual: el Vaticano II insistió en que «el verdadero ecumenismo no puede darse sin la conversión interior» *(Unitatis redintegratio,* 7; *Ut unum sint,* 36). Este núcleo interior debe, por otra parte, traducirse en gestos concretos. Así, por ejemplo, la dimensión ecuménica debe estar presente en todos los aspectos y disciplinas de la formación cristiana, en especial en los seminarios y en la formación continua de los sacerdotes, diáconos, religiosos y laicos. De hecho, en 1997, el Pontificio Consejo emitió unas directrices tituladas *Dimensión ecuménica en la formación de quienes trabajan en el ministerio pastoral,* a la vez que propone un «enfoque ecuménico en el uso de los medios» e internet, a lo que añade algunas «recomendaciones prácticas» (n. 13-14).

En la segunda parte titulada «La Iglesia católica en sus relaciones con los demás cristianos» se habla de las diversas modalidades de relacionarse con los otros cristianos (n. 15). En primer lugar se habla del llamado «ecumenismo de las manos» y «del corazón»:

> El diálogo de la caridad promueve el encuentro a nivel de contactos y cooperación cotidianos, nutriendo y profundizando la relación que ya tienen los cristianos en virtud del bautismo. Por eso se refiere de nuevo al «ecumenismo espiritual» (n. 16).

Este es creado por la oración, la conversión y la santidad, pues constituyen «el alma de todo el movimiento ecuménico» *(Unitatis redintegratio,* 8). Todo el número 18 está dedicado a la Semana de oración por la unidad de los cristianos, y el 19 a «orar unos por otros y por las necesidades del mundo» (cf *Ut unum sint,* 25). Sin embargo, el ecumenismo espiritual consiste no solo en orar por la unidad de los cristianos, sino también en una «conversión del corazón y santidad de vida», «en llevar una vida más pura, según el Evangelio» (*Unitatis redintegratio,* 8, 7). Por otra parte, entre los instrumentos para alcanzar la unidad, *Unitatis redintegratio* describe las Escrituras como «instrumentos preciosos en la mano poderosa de Dios para lograr la unidad» (n. 21). Los católicos comparten la Escritura con todos los cristianos y, con muchos de ellos, comparten también un mismo *Leccionario dominical* empleado en sus celebraciones (cf n. 20). De igual manera en lo referido a las fiestas y ciclos litúrgicos, compartimos con la mayoría de las demás tradiciones cristianas los grandes momentos del calendario litúrgico (cf n. 21). Pero «el ecumenismo de los santos, de los mártires, es tal vez el más convincente», escribió Juan Pablo II en *Tertio millennio adveniente* (cf n. 37), y también el papa Francisco ha hablado a menudo del «ecumenismo de la sangre» (cf n. 22).

A continuación el vademécum aborda la contribución de los distintos carismas en la Iglesia, en especial la vida consagrada (n. 23). Al abordar el «diálogo de la caridad», alude a la base bautismal, pues «todo ecumenismo es un ecumenismo bautismal» (n. 25). Además, resulta del todo necesaria una «cultura del encuentro» también entre las instituciones y en los eventos ecuménicos, «requisito previo para cualquier verdadero ecumenismo» (n. 26). Una cultura del encuentro genera un mutuo interés por la unidad. Por eso resulta igualmente necesario el «diálogo de la verdad», entendido como «intercambio de dones». En él se «obtiene un conocimiento más verdadero y un aprecio más justo» de su interlocutor[3]. Verdad y amor se repiten como un motivo recurrente a lo largo de todo el texto. El papa Francisco afirma que no se trata solo de recibir información sobre los demás para conocerlos mejor, sino de recoger lo que el Espíritu ha sembrado en ellos como un don también para nosotros *(Evangelii gaudium,* 246).

Por eso reclama un «diálogo que nos lleve a toda la verdad», y anima a promover un «diálogo teológico a nivel internacional, nacional y diocesano», dejando de lado el lenguaje polémico y los prejuicios del pasado, y tomando como punto de partida la tradición común (n. 28-29; cf *Ut unum sint,* 18, 36). Con lo que concluye:

> Los resultados de estos diálogos proporcionan el marco para discernir lo que justamente podemos y no podemos hacer juntos, sobre la base de la fe común (n. 29).

Al mismo tiempo el texto critica de igual manera el llamado «ecumenismo de papel», pues «aunque los diálogos bilaterales y multilaterales han producido muchos acuerdos y declaraciones, no siempre esos textos han entrado en la vida de las comunidades cristianas» (n. 30). Este «proceso de recepción» debe invo-

[3] *Unitatis redintegratio,* 4; cf *Ut unum sint,* 28.

lucrar a toda la Iglesia en el ejercicio de su *sensus fidei* a laicos, teólogos y pastores. Aunque los textos producidos por las comisiones de diálogo no constituyen de por sí documentos doctrinales oficiales de las Iglesias involucradas –concluye–, su recepción en la vida de las comunidades cristianas puede ayudar a todos a alcanzar una comprensión y un aprecio más profundos de los misterios de la fe.

Por eso aboga por el «diálogo de la vida» y el «ecumenismo pastoral» (cf n. 31-32), puesto que los desafíos pastorales y misioneros comunes en la actualidad suponen una oportunidad para el ecumenismo. En efecto, no hemos de olvidar que un importante inicio del ecumenismo –al menos en el ámbito protestante– tuvo lugar en la Asamblea mundial misionera de Edimburgo en 1910. La vocación misionera implica el deseo de unidad entre los cristianos. Por eso podrían caber en ciertos casos «ministerio y recursos compartidos» en hospitales, cárceles, cuarteles, universidades y otras capellanías (n. 33). Incluso allí donde el obispo diocesano discierna que no causará escándalo o confusión entre los fieles, puede permitir a otras comunidades cristianas el uso de algún templo católico.

En la misión y la catequesis, puede haber igualmente colaboraciones y, de hecho, el *Catecismo de la Iglesia católica* «se ha demostrado una herramienta muy útil para colaborar con los otros cristianos en el campo de la catequesis» (n. 34).

## Tareas pendientes

En el apartado dedicado a las cuestiones prácticas, aparece en primer lugar lo referido a los matrimonios mixtos (n. 35). En primer lugar, «los pastores no pueden quedar indiferentes ante el dolor de la división de los cristianos que se experimenta tal vez más agudamente que en cualquier otro contexto». La pastoral de las familias interconfesionales constituye un verdadero reto en la actualidad. Además, los recientes movimientos migratorios han acentuado esta realidad eclesial. La praxis sobre los matrimonios mixtos, el bautismo de hijos nacidos de tales matrimonios y su formación espiritual varían mucho de una región a otra, a la vez que se recuerdan las orientaciones contenidas en *Código de derecho canónico,* c. 1125 y el *Código para las Iglesias orientales,* c. 814, §1. Respecto a la *communicatio in sacris* (n. 36), recuerda que la administración y recepción de los sacramentos, especialmente la Eucaristía, en las respectivas celebraciones litúrgicas, sigue siendo un área de serias tensiones en nuestras relaciones ecuménicas.

Recuerda ahí en primer lugar los «testimonios de la unidad de la Iglesia» y, en segundo, que un sacramento es una «participación en los medios de la gracia» *(Unitatis redintegratio,* 8). En general, la participación en la Eucaristía, la penitencia y la unción se limita a quienes están en plena comunión. Sin embargo, la *communicatio in sacris* está permitida en ciertas circunstancias y, en este caso, debe ser reconocida como «deseable y recomendable». Con las Iglesias ortodoxas, puede darse en determinadas circunstancias, sobre todo cuando falta el propio ministro[4]. Con las Comunidades eclesiales protestantes, «en caso de peligro de muerte, o si el obispo diocesano juzga que hay "grave necesidad"», los ministros católicos pueden administrar los sacramentos a otros cristianos «que lo pidan espontáneamente, con tal de que profesen la fe católica respecto a esos sacramentos y estén bien dispuestos»[5].

Es importante subrayar –concluye– que el juicio del obispo sobre lo que constituye una «grave necesidad» y sobre el momento más apropiado para compartir el sacramento de modo excepcional, es siempre un discernimiento pastoral, es decir, se trata del cuidado y de la salvación de las almas. Los sacramentos nunca deben ser compartidos por mera cortesía.

Queda así reforzada la autoridad el obispo. Respecto a lo que se refiere a la práctica del ecumenismo, el vademécum recuerda la necesidad de cooperar «al servicio del mundo» (n. 38), como la lucha contra el hambre, los desastres naturales, el analfabetismo, la pobreza, la escasez de viviendas y la distribución desigual de la riqueza. A esto se añade la atención de los migrantes, la lucha contra la esclavitud moderna y la trata de personas, la defensa de la libertad religiosa, la lucha contra

[4] Cf *Código de derecho canónico,* c. 844, §2; *Código para las Iglesias orientales,* c. 671, §2.

[5] *Código de derecho canónico,* c. 844, §4; *Código para las Iglesias orientales,* c. 671, §3.

la discriminación y «la defensa de la santidad de la vida y el cuidado de la Creación». Los temas sociales, morales y ecológicos son también temas ecuménicos. Así, promociona también el «servicio común como testimonio» (cf n. 39, *Unitatis redintegratio,* 12), como la común defensa de la dignidad de la persona y de la sacralidad de la creación, proyectos culturales y de acción social, así como el diálogo interreligioso (n. 40). Junto a la lucha contra el «antisemitismo, el fanatismo religioso y el sectarismo», procura promover el diálogo con las diferentes tradiciones religiosas no cristianas. A esto se añade el llamado «ecumenismo cultural», donde quiere hacerse valer la influencia del cristianismo en las distintas culturas, intentando hacerse cargo de las diferencias existentes (n. 41).

En la conclusión, el texto recuerda «la larga historia de las divisiones entre los cristianos y la compleja naturaleza de los factores teológicos y culturales que dividen a las comunidades cristianas», a la vez que los méritos de la muerte y resurrección de Cristo y su victoria definitiva de Dios sobre el pecado y la división. «La función de la Iglesia fue siempre recibir la gracia de la victoria de Cristo». Y tras insistir en la responsabilidad del obispo en materia ecuménica, manifiesta la necesidad de una renovación, que es «siempre el primer e indispensable paso hacia la unidad». La apertura a la gracia de Dios exige también la acogida de nuestros hermanos y hermanas en Cristo. Como escribió el papa Francisco, la voluntad de recibir «lo que el Espíritu ha sembrado en ellos como un don también para nosotros» *(Evangelii gaudium,* 246). Termina con una oración del abad Paul Couturier (1881-1953), un pionero católico del movimiento ecuménico y particularmente del ecumenismo espiritual, que concluye con estas palabras:

> En ti, que eres la caridad perfecta,
> haznos encontrar el camino que conduce a la unidad,
> en la obediencia a tu amor y a tu verdad. Amén.

El texto constituye así una buena síntesis actualizada del magisterio ordinario sobre cuestiones ecuménicas, junto con una llamada a la responsabilidad de los obispos y de todos los cristianos al respecto. Un buen recordatio en tiempos de sinodalidad.

# Índice

SEGUNDA PARTE

## La Reforma protestante

TERCERA PARTE
## Las últimos papas

www.ingramcontent.com/pod-product-compliance
Lightning Source LLC
LaVergne TN
LVHW041207150826
845673LV00001B/322

* 9 7 8 8 4 2 8 5 6 4 8 5 4 *